小さき引揚げ者の思想の格闘史

綱澤満昭

Tsunazawa Mitsuaki

海風社

小さき引揚げ者の思想の格闘史

目次

序　格闘以前の世界

私は四歳から五歳にかけて、満州（現中国東北部）からの引揚げ体験を持つ人間である。父親が満州開拓団の農事指導員として渡満していた関係で、私の生誕地は満州である。父は応召につき、私たち三人（母と兄と私）が、引揚げ体験を持ったわけである。この体験が、のちの私の拙い農本主義研究についての契機となる。

満州開拓の民間指導者であった加藤完治の薫陶を受け、熱意に燃えて渡満し、心血をそそいで開拓事業に従った父親たちに、もたらされたものは何であったのか。父親たちが「いかれてしまった」ものが、加藤完治の説く農本主義的開拓精神であったことから、私は加藤という人物の思想の究明に走ったのである。

父親が言語を絶するほどの困窮と屈辱をこうむりながら、なおかつ、日本国家のために、我々の天職はまっとうされなかったと嘆かざるをえなかった精神は、いったい何によって養成されたものであるかを静かに考えた。そして、引揚げに際して、なんの罪もない女、子どもたちに生死の境をさ迷わせた真の敵は誰か、等々が私の胸中に浮上し続けた。こういう思いが大学生になった私を、強く深くとらえるようになる。修士論文は「農本主義の政治機能」であった。

満州からの引揚げ体験に関しては多くの人が関心を持ち、その著書及び論文は枚挙に遑がない。開拓民の多くは、日本国家の国策によって命ぜられるままに、満州に渡った。その大部分の人たちは、日本での貧困状態を脱し、十町歩から二十町歩の地主になれるという夢を追った。国家は、そのような夢を与えたのである。

敗戦とともに、開拓団員は関東軍にも見離され、異郷の地に孤立無縁の状態でとり残され、流民と化した。その苦難の日々が、恨みがましく語られてきた。満州開拓のメンバーとして、国に殉じた自分たちの行為を「正」とし、その苦悩に絶大なる意味を与えてもらいたい、そして慰めてもらいたいという気持が強い。

なかでも、ソ連軍の侵攻による恐怖からの、集団自決による悲惨な状況には、確かに目を覆いたくなるものがある。

一例をあげておこう。

「兵庫県出石郡高橋村（現在、但東町）の分村だった大兵開拓団は、八月十七日（昭和十九年）、松花江支流のホラン河に入水して集団自決をした。高橋村は、分村開拓団の先達だった長野県の大日向と同じく山峡の村で、谷あいに平均六反の土地しかなかった。昭和十九年(一九四四年)春、浜江省、蘭西県北安村に入植した。十八年(一九四三年)九月、村議会が、県からの分村案をうけいれ、村民の説得がはじまったが、日本の敗色がきざしていたこともあって、県から割り当ての戸数が、なかなかそろわず、最終的には、クジビキで負けたものが加わるということまでして、四六七名をかきあつめた。」(石田郁夫『差別と排外』批評社、昭和五十五年、六六〜六七頁)

昭和十九年の春に入植して、一年と少しで日本は敗戦となり、この開拓団は引揚げとなる。リーダーを失ったこの開拓団員たちは、彷徨し、不眠、空腹、疲労困ぱいした。誰からも襲撃されたわけでもないのに、「鎌や棒をもって農夫たちが数十人、こちらへ進んでくるのを遠望しただけで、パニックが生じた。まず一人が、妻と三人の娘を河に投げこんだあと、日本刀で立ち腹を切ってから投身した。それから、いっせいに小さい子どもたちから、河に投げこまれた。助けてくれと、あばれまわる小学生を、大人たちがよってたかって、とりおさえ投げこむ。姉に何度投げこまれても泳ぎもどってくる子は、大人に首をしめられてからほうりこまれて、ようやく四百人近くが入水して、ふくれあがった河面に没した。」(同上書、六七頁)

これは一例にすぎないが、引揚げが困難に直面した際、多かれ少なかれ、こうした事態は、あちこちでおきていたことである。国家の政策に協力し、将来の夢を追いもとめ、必死の思いで渡満した開拓団員の末路が、こうであったとは、なんという悲哀か、なんという地獄変相か。

満州開拓団に関する評価には、一つの大きな陥穽がある。極論するならば、それは引揚げの末路の悲惨さ、残酷さに慟哭し、絶叫することに自分の感情を寄せてしまい、それまでに行ってきた自分たちの行為の巨大な誤謬を内面から剔快することが希薄になっているということである。日本の敗戦の無念さに傾斜してしまい、自分たちの犯した罪の根源的欠陥を内省するという姿勢がない。あるのは、なにものかによって、「してやられた」という無念さのみである。開拓の道なかばにして、引揚げざるをえなかったこと、そして、その引揚げの際に味わったみじめさを語るのは、それはそれで認められていいし、被害者意識を強く持つことは間違いではない。

しかし、棄民された悲哀の歴史に固執し、その被害者意識のみを拡大すると、それは開拓という名にかくされた侵略の意味を忘却し、場合によっては、それを正当化する道につながりかねない。王道楽土とか五族協和は幻想であり、その叫びは日本の自画自賛だったのである。

私は昭和五十八年に、こんなことを書いたことがある。少々長くなるが引用する。

「いろいろと複雑な問題を投げかける中国残留日本人孤児の肉親探しの報道は、いつの場合も熱い涙を誘い、なんともやりきれない気持にさせる。ひとつ間違えばそうなっていたであろう体験を持つ人々にとっては、嗚咽をともなったものとしてせまってくる。今回も、東京代々木の国立オリンピック記念青少年総合センターで肉親と思われる人たちとの対面が行われた。生みの親が見つかって喜々とした興奮もあれば、なんとかしてたぐりよせようとした細い記憶の糸もプツリと切れ、はらわたを断つ思いで去ってゆかねばならぬ悲哀もある。…（略）…このたびの一人である王淑梅さん（43）が静岡市に住む元開拓団員大畑とめさん（64）の長子協子《やすこ》さんであることがわかった。この母娘を三十八年という時間を超えて結びつけるキメ手となったものが、ソ満国境にあった開拓地からの逃避行中の阿鼻叫喚の修羅地獄で受けたノドの刀傷痕であったという。その傷は泣き声を発せば『敵』に発見されるという理由で、日本国境警備隊員が母親のとめさんから協子さんをもぎ取り、銃剣で息の根を止めようとしたときのものであったという。なんという痛々しくも悲しいキメ手であったことか。…（略）…満州（中国東北部）開拓移民は、昭和恐慌期においての激化する農村窮乏化打開策のための農村過剰人口対策であり、また対ソ国防という役割を担わされた国策であった。極端にいえば棄民政策であった。この棄民政策そのものをこの彼女の傷痕が象徴しているようで切なくなる。…（略）…この協子さんを助け、養育してくれた人が、日本人が踏みつけていた中国の民衆であったことの重みを私たちは忘れてはならないと思う。どんな理屈やアクセサリーが用意されたとしても、満州開拓による最大の被害者は中国民衆であった。開拓当初の苦労や、引き揚げに際しての悲惨さとは別に、土地を奪われる側の憤怒と悲しみを思うべきである。…（略）…こういったからといって、私は中国残留日本人孤児の現実を軽く扱ってよいなどとは夢にも思ってはいない。運がよかったとしかいいようのないような私の引き揚げ体験からしても、このことは他人事ではないのである。…（略）…これほどの惨禍を生んだ満州開拓移民に関して、戦後日本は、戦後民主主義は、何をどのように問い、何を解決してきたのか。『日本帝国主義の植民地支配をあばき、糾弾せよ』といった口先だけの教条主義的勇ましさや、引き揚げの足跡に年一回涙を流すだけでこの問題が解決するとは思えない。戦後民主主義が欠落させてきたものが、この問題においてもやはり露呈しているように思えてならない。日本人は過去を忘れることの上手な民族だ、などといわれて喜んではならない。ある一点に固執することを放棄することが、内外を問わず後世に取り返しのつかない汚点を残すことになるということを銘記すべきである。それにしても、この開拓移民の問いかけはいまはじまったばかりである。」(『信濃毎日』昭和五十八年三月十九日)

私個人の満州からの引揚げ体験を少し書いておきたいと思う。四、五歳の年齢からして、実体験をそのまま正確に描ききれないのが残念である。

おぼろげな記憶であるが、それでもいま思い出して身体全体がふるえるほどのショッキングなことは鮮明に覚えている。場所とか日時とかは不明確であるが。

第九次柳樹河開拓団の農事指導員として渡満していた父親や、引揚げに際して、私たち子ども二人を連れて帰国してくれた母親の話などを聞きながらのものである。

渡満したのが、昭和十五年一月で、九州博多に帰ってきたのが昭和二十一年八月十七日である。父親たちの団員の一人が残してくれた「第九次柳樹河開拓団顛末記」によると、引揚げのスタートは次のように記されている。

「昭和二十年八月九日午前二時三十分突如電話をもってソ連軍無宣戦のまま越境侵入を開始、交戦状態に入れりとの警報を接受。当時団長佐伯正雄・農事指導員綱澤芳雄・畜産指導員池田朝則三幹部応召不在中につき、保健指導員川上常雄・総務部長岸本弘合議の上、本部並びに第一部落男子全員の非常召集を行い、他方騎馬伝令を急派、各部落にこの旨を急報、緊急部落長会議を召集するとともに本部における各般の応急措置をなす。」（「第九次柳樹河開拓団顛末記」）

引揚げる途中、いろいろな所に立ち寄ったであろうが、特に長い間留まった場所がある。それは新京（長春）である。ここには十カ月もいたと記録にある。この新京を引揚げるまでの十カ月の団員の生活状態は次のようであった。

「一、治安 —— 昨年（昭和二十年）九月入京当時はソ連進駐軍の軍政下にあり。軍紀紊乱白昼公然掠奪暴行行われ惨鼻を極む。拒めばたちまち射殺するところとなる、その被害日満人を通じて甚大なり。本団員亦同じく害を被り被掠奪頻々遂に数名の姉女暴行被害者を出せり。時日を経るに従いソ連軍撤退八路軍入城中央軍進攻入城等形勢の推移に伴い、治安次第に良好となり本年三月頃より稍少康を得、長春引揚当時に到りては掠奪暴行姿を消し、中央軍紀やや整い時々衣料物品等の強制買上げ又は強要ある位に止まり市中の状勢平おんに市況活発なりき。…（略）…一、健康――脱出当時健在なりし団員達も倭化滞留一ヶ月間に大いに健康を害し、長春移住と共に境遇の激変と経済上の圧迫により栄養失調症となりて現われ、特に乳幼児に甚だし、その間倭化においては痲疹性肺炎長春における発疹チブスの発生流行を見るに及んで格段の悪化を見たり。春暖の季節となるに及び経済力の増進に伴う生活方式の改善となり五・六月頃を一転機として殆んど旧に類する程度の健康を回復するを得るに至りたるは不幸中の幸いなりき。」（同上誌）

いよいよ帰国の途につくことになった最後の事情を次にあげておきたい。

「八月十三日（昭和二十一年）午前五時、折柄の小雨にもめげず愈々なつかしき故国への旅に上る。満州名物の泥ねいもこれ限りと思へばさして苦にもならず。午前八時乗車完了、発車正午コロ島駅検疫消毒・荷物検査等型の如く、日没移送船V五十七号に乗船し了る。…（略）…今回錦県出発に際しても中央軍の要求により包丁・バケツ・裁縫用鋏小刀・スプーン・フォーク・万年筆等々の残置を余儀なくされたり。咄十三日は阜頭に繋留のまま一泊、翌十四日午前七時三十分抜錨愈々故国への旅路に就く。霜雨晴れ、風そよぎて絶好の航海日和となり快適無上の航海を続け団員中一名の欠員者さえなく、十七日未明博多港に帰着す。」（同上誌）

こうした開拓団の引揚げの流れのなかに、四、五歳の私もいたわけであるが、私がこうむったことをいくつか記憶をたよりに記してみたいと思う。日時も場所もさだかではないが。

一、引揚げの途中、長期滞在（十カ月）した新京でのことであったろうと思う。年月も、もちろん不明である。

麻のロープか、荒縄か確かではないが、両足首を縛られ、逆さ吊りにされて、井戸のなかへ突っ込まれたことがある。井戸水のなかに頭が入り、呼吸困難になった頃、少しだけ水面より持ち上げられる。そして、また沈められる。このことを何度か繰り返され、溺死寸前になっていた私は、仮死状態のまま放り投げられた。それでも私は生きていた。どこの国の、誰にしてやられたのか、いまもそのことはわからない。何人かの日本人がこの情景を見ていたように思うが、その人数は定かではない。なぜ、私がこのような残虐行為を受けねばならなかったのか。

日本が戦争に破れ、それまで虐待を欲しいままにしていた他国の人たちによって仕返しをされたのか。そうであったとしても、なぜ、私が選ばれたのか。私は恐怖のあまり一口も喋らず、泣いた記憶もない。身体全体が震えていたことだけを覚えている。兄（そのとき十歳）が近くにいたので、のちにそのことのわけを聞いたが、兄は黙ったままである。兄はなぜ、その事情を知らないのか。知っていても黙っているのであろうか、そのとき、誰も私を助けようとしてくれた人はいない。相手と交渉する人もいなかった。

いまとなっては、いかんともしがたい不思議な事件であり、これほどの恐怖を私は八十年以上生きていて、味わったことはない。これは客観的に見れば、「小さな事件」であるかもしれぬが、私にとっては、生涯忘れることのできない、身の毛がよだつような恐ろしい事件であった。この「小さな事件」の背景にあるものを、単なる引揚げのなかにしぼりこむように矮小化してはならないと思う。これは日本と他国（アジア）のなかで生れた一つの大きな事件のような気がしてならない。

かつて日本の軍国主義が、アジアにたいして、いかなる侵略と虐待を行い、満州という傀儡国家をつくり、開拓という名のもとに、中国農民の土地を奪い、彼らを苦しめてきたかを静かに反省しなければならない。私のような幼い子どもでも半殺しにして、彼らはその憤怒を発散させたかったのかもしれない。

地獄のような逃避行を余儀なくされた私たちは、結局、国策の道具として利用された面が強いのであるが、それでも中国民衆にしてみれば、私たちが侵略者であったことには違いないのである。それにしても、私はその後の人生で、井戸をのぞくのがこわい、特に古井戸がそうである。

二、無蓋車に乗せられての引揚げ途中の出来事である。

屋根のない貨物列車であるから、雨が降ればずぶぬれである。毛布や風呂敷を使用したが、どしゃぶりの際は、いかんともしがたかった。糞尿の処理に関しては、一大事であった。いまから思えば、女の人はさすがに困ったことだと思う。

貨物列車には、貨車の横下の部分に二〇センチほどの隙間があった。列車が停止するたびに、その隙間から子どもを奪いに来る人たちがいた。何人いたかはその都度違っていたように思う。明確な目的はわからないが、日本人の子どもが欲しかったのであろう。売りとばすのか、労働力として使用するのか。なぜ、列車がたびたび停車したのか不明である。止められたのか、燃料補給のためだったのか。横下にある隙間から子どもの足を引っぱって、引きずり落そうとするのだ。既に死んでしまっている子どもが引きずり落されてゆく情況を私は目撃した。

ここでも私は九死に一生を得た。両足を外から引っぱられ、両手を母親と近くの女性が引っぱってくれた。私の身体は両者の力較べのため、引き裂かれそうであった。私は一粒の涙も落としはしなかった。それでも母親たちの渾身の力が勝利して私は助かった。もし、あのとき母親たちが敗けていたら、私の一生はどうなっていたのかと思うと、寒けだつのである。

三、引揚げの途中、長く留まった新京でのことである。

なぜ、ここに十カ月も留まらねばならなかったのか。おそらく、ここで待機する以外に帰国の方途がなかったのであろう。

このことが、いつ始まって、いつ終ったのかわからないが、母親が毎朝、隣りの婦人と家を出て行くのである。名目は、どこかの人の洗濯やその他家事手伝いということであった。私に母親はそういって聞かせてくれた。兄もどんな仕事か知らぬが、子どもなりのアルバイトにでかける。私は一人で家に残る。母親にわずかな金銭をもらい、昼飯を食った。それは、ポーミ・マント（とうもろこしでつくったまんじゅう）一つか、ひよ子の型をしたお菓子一つだった。夕暮れになると淋しくて泣いていた。こんなことが、来る日も来る日も続いたのを覚えている。

母は本当に誰かの家に洗濯をしに行っていたのだろうか。中学、高校生くらいになると、そのことが妙に気になった。誰れにもいえないような仕事をしに行っていたのかもしれない。そのことを母親にたずねたことはなかった。そんなことができるはずもない。たとえ母が何をしていたとしても、私がそれを云々することなどできはしない。子ども二人を母がどうやって養っていたか、そのことを聞きただすことなど不遜なことだ。母の苦しい日常を思い、私は何度も涙を流したものである。

四、昭和二十一年八月十三日に、中国大陸の港を出て、博多に向う途中でのこと。

船底が私たちに与えられた場所であった。猛烈な暑さだったことを覚えている。食べる物としては、カンパンが少々与えられた。飲む水も、もちろんお茶などあるはずもない。水道から出るのは海水で、これを飲めば即死であった。毒液を飲むようなものだった。衰弱しきっていた子どもたちがそれを飲んで多く死んだ。私は兄と二人で、どこかの水蒸気の出る所からポタリポタリと落ちる温水を長時間かけて水筒に入れた。私くらいの年齢の子どもは、栄養失調と暑さと、その海水で、多くが死んだ。死体は、海に投げ捨てる以外になかったと思う。わが子をなくし、気の狂った母親を見たことがある。その母親の相貌が私には鬼のように思えた。

私も他の子どもたちと同じように死にゆく運命であった。この時点で私は五歳になっていたが、いつ死んでもおかしくないほど、衰弱していた。死の寸前だった。

もう助かる見込みはないと思った母は、私をダンボール箱に入れ、明朝、海へ投げ込む予定だったという。それがどうしたことか、夜中にそのダンボール箱からゴソゴソという音が聞こえたという。あけて見ると私が生きていたのである。夢のような、ウソのような話であるが、本当の話である。

母の日記ふうの記録には、長男（兄）だけは、是が非でも祖国に連れて帰らねばという強い思いが書かれている。次男の私は？　いま、ここに生きている。

柳樹河脱出当時の総員が三四七人であったが、死亡者が一一一人そのうち子どもが九五人であった。昭和五〇年の時点で、石田郁夫は、日本の開拓団は「日本屯匪《とんぴ》」であったと次のようにのべている。

「さまざまな、いわゆる戦争体験記と共通して満州開拓の記録のたぐいも、おおむねは国策の命ずるままにおもむいたものが国家解体とともに異郷に棄民され、土匪、暴民と化した住民に追いたてられる流民と化した、その苦難の日々を恨みがましく語るという構造を持っている。…（略）…自己が日本国家の軍事力を後ろ楯に、具体的には関東軍の武力を前楯にして他国の土地を強奪し、そこの人民を酷使し、反抗するものは虐殺しつづけていた、日本国につながる植民者だという自覚の欠如が『満州』人民の当然の権利回復の作為を土匪と呼び、暴民と呼ぶことをためらわせない。『満州』の人民にとっては、開拓団は、『日本屯匪』であってそれ以外ではないし、これが本質だった。」（『土俗と解放――差別と支配の構造』社会評論社、昭和五〇年、六～七頁）

私はこの石田の発言につけ加えることはない。私が引揚げに際してこうむった数々の出来事で、中国人を責めてはならないと思う。基本的にはそうである。

しかし、私はこの自分の味わった悲惨さを黙って、そのままにしておればいいとは思はない。この苦しみを徹底して追求し、その行き着く場所を明確に確かめねばならない。この問題を掘り下げてゆけば、当然のことながら、それは日本国家の作為に行き着くはずである。

私たちに幻想でしかない王道楽土というエサを与え、苦難の道を余儀なくさせた張本人にたいし、黙っていてはならない。満州開拓移民の本質解明は道半ばである。

一　農本主義者　加藤完治への接近

私の父親たちが勲陶を受けた加藤完治とは、いったいいかなる人物だったのか。私の農本主義研究への第一歩が、この人物の軌跡を洗うことであった。

私は戦後民主主義のなかで、学校教育を受けた。その民主主義というものが、たとえ擬制としてのものであったとしても、基本的にはその渦中に身を投じるしかない面もあった。その知的母体ともいうべき戦後民主主義、あるいは近代主義に疑いを持ちはじめたのは、大学という環境のなかでのことであった。

満州からの引揚げ体験を持つ私は、前近代的病理を明らかにしながらも、この戦後の民主主義の幻想を打ち破らねばならぬという苦悩のなかにいた。そういう状況のなかで私は、加藤完治に出会ったのである。

加藤は、同じ農本主義者と呼ばれた橘孝三郎や権藤成卿、山崎延吉などと共に、私にとっては、超えねばならない人物の一人となった。満州開拓移民の指導者であり、日本ファシズムの上に大きな影響を与えながらも、他の農本主義者のような思想の「はで」さを持たない。思想よりも行動、実践が常に先行した人物である。加藤の思想らしきものといえば、のちに少し触れるが、筧克彦の神がかり的「古神道」くらいのものであるにもかかわらず、どうして多くの人が彼によって動かされたのか。このことの究明は日本人の行動様式を支えている根源的なものにさかのぼることができると同時に、近代日本の知識人たちの思想と日本民衆の日常的思惟との乖離にかかわってくるというものである。

加藤は戦後民主主義信仰者によって、糾弾され、多くの貧しき農民を誑かした罪人のように扱われてきたところがある。しかし、「加藤イズム」は微動だにしなかった。「加藤イズム」は、単なる観念としてあったのではなく、それは耕作農民の現実的、日常的利害に密着したものを持っていたのである。日本人の素朴な感情が、彼によって、すくいあげられ、彼の姿勢に同化していったのである。

私は、ある夏の日、私の故郷である山深き美作の地（岡山県）で、『満州開拓史』を、じっと穴のあくほどにらみつけている父親の姿を見たことがある。この書の「序文」は、加藤完治が書いている。父親の眼からは異常な光が放たれていた。その光が、なつかしさゆえのものか、怨念によるものかは、さだかではなかった。しばらくして、私は父親に加藤という人物像を問うてみた。父親は即刻こたえてくれた。

「当時においても、あの人のいっていることは、無謀なことが多かった。労多くして、益少なしの感を強く持った。貧しい一般の開拓団員は、広い農地が自分のものになるという、ただそれだけが唯一の希望であったのだ。その現実的利益のみが、あの遠く険しい荊の道に耐えた理由であった。今なら、あれほど非合理的な考え方を受け入れる農民はいないだろう。しかし、彼の話を聞き、接しているうちに、なんとなく吸い込まれていくような気がした。あれだけは不思議だった。」

加藤にとっては、いかなる理論、思想よりも、満州開拓という現実が優先したのである。それが、大日本帝国のアジア侵略に加担することになるということなど考えてもいない。いまさら、加藤を日本帝国主義のアジア侵略の走狗であるといってみてもはじまらない。前近代的なものを剔抉しつつ、戦後民主主義の軽薄さを撃つという脈絡のなかで、加藤をどうとらえるかということが問題の核心とならねばならない。

彼の人間、思想、行動について少し言及してみたい。

加藤は明治十七年、東京で旧士族の子として生れている。家業は、隅田川のあたりで炭問屋を経営していた。父親は加藤が生れる前に他界し、祖父は彼が三歳のときに他界している。したがって、加藤が幼年期に影響を受けたのは祖母と母、それに父親のかわりに世話をしてくれた叔父の三人である。

息子完治を懸命に育てる母の姿を不憫に思った叔父は、母に縁談をもちかけた。母も意を決して金沢の羽村家に嫁ぐことになる。しかし、嫁いでからも母の苦労と不運は続いた。三人の子どもに恵まれたが、長女が肺結核で他界し、夫もその病が感染し死んでしまう。母は子ども二人を連れて、祖母と加藤のところへ帰ってきた。母もやがて結核にやられ他界し、祖母もまもなく永眠した。加藤はそのとき、金沢第四高等学校に入学していた。当時を回顧して彼はのべている。

「何となく世の中の無情を感じ今まで思ったこともない寂しさが、身にしみて来るようになった。学校を卒業したら、祖母や母に喜んでもらって、長い間の苦労を慰めてもあげたいという目標が、両人の死によってすっかり暗になってしまった。十月の頃になると、金沢という所は、晴天の日が少くて、来る日も来る日も雨が降ったり、霰が降ったりして真に陰気な日が続くのである。僕の心はそのために一層めいってしまう。」(「自叙伝」『加藤完治全集』第一巻、加藤完治全集刊行会、一八一頁)

悶々とした日々を送っていた加藤であったが、一つ明るい状況が生れた。それは北陸女学校の先生として来日していた、ミス・ギブンスというアメリカの宣教師との出会いであった。

彼女の影響を受けた加藤は、植村正久の弟子の一人富永徳磨によって洗礼を受けた。この陰うつな金沢で、この宣教師は、いつもニコニコして楽しそうに歩いているので、遠いアメリカから来て、さびしくないのかと加藤がたずねたことがあった。そのとき彼女は、私は常にキリストと共にいて、あるときは、両親になってくれるし、友人にもなってくれるので、私は淋しくはないといったという。加藤はこの彼女の声を聞き、今後は、悩める人の友となり、隣人を愛し、愛の実現に全力を尽すことを誓っている。

明治四十年、彼は東京帝国大学工学部に入学するが、入学直後、大病をわずらうことになり、三年間休学することになる。療養生活を終え、彼は農科大学に編入する。そこで、生涯の友となる那須皓と親交を結ぶ。

当時は、日露戦争を契機として、国家は隆盛を極めたが、個人の生活は苦しくなる一方で、次第に個人の国家離れが日常化する。明治四十三年には大逆事件がおき、幸徳秋水ら十二名が死刑となる。

こうした雰囲気のなかで、若者たちは悩み、彷徨している。加藤もいろいろな人物に会っている。木下尚江、西田天香、岡田虎次郎、徳富蘆花など。このような人選を見ても、彼の内面世界の動揺が察せられる。明治四十四年に、大学を卒業した加藤は、内務省地方局で働くことになり、帝国農会の嘱託にもなっている。この時期に、不治の病と知りながらも、生活を共にしてきた愛妻の死（大正元年八月六日）に直面する。

明治四十一年に設立された帝国農会は、初年度の事業の一つとして、「中小農保護政策の調査」を決め、加藤と那須皓に委嘱している。この事業は農政の問題であるのみならず、社会政策の重大問題であったが、加藤は、次のような不満を抱いていた。

「新刊の洋書を翻訳してこれを上役に提出したり、雑誌に載せたりすること等だったが、僕はこんな仕事が、中小農保護政策と何の関係があるのかを自問自答して苦しんだのである。」（同上書、一九七頁）

先にも触れたが、日露戦争に勝ったとはいえ、個人の生活は決して豊かになったわけではない。個人の国家への不信は増すばかりであった。こういう状況のなかで、加藤は母とそして妻を失った。彼はいよいよ絶望の淵に追いやられた。

煩悶のなかにいた加藤に、ある転機が訪れる。友人那須皓に誘われて、赤城山に登り、遭難したときのことである。那須と約束した日より一日早く一人で出発し、このようなことになり、死に直面したのである。加藤は、こんなことを書いている。

「赤城山において死に直面して、『我生きん』と言い放ったその瞬間、暗き天地が明るくなった。それ以後もはや僕は盲動はしない。旅館について益々道が開いて来て、我生きんと決した僕は、直ちに『衣食住の生産に努力するは善なり』とのモットーを心に持するに至った。しかり、僕は生を肯定して、はじめて農の意義を明確に悟ったのである。山を下りて家に帰った僕は、直ちに内務省も帝国農会も辞職して、『衣食住の生産に努力するは善なり』のモットーのもとに、農民たらんと決心したのである。」（同上書、二〇二頁）

農民になることを決意しても、加藤には耕やす土地もなければ資金もない。縁あって、山崎延吉の安城農林学校の教師となる。筧克彦（穂積八束、上杉慎吉の系統で天皇中心の国家主義を説いた。東京帝国大学教授、研究室には畳を敷き神棚を置いていた）の「古神道」

に触れたのは、この時期である。

筧の「古神道」というものは、随神道ともいう。日本民族の真心を通じて、そのなかに実現する真道だという。日本民族が人類および宇宙の表現者となって、深いところにある大生命を実現することであるという。日本に存在する政治、経済、法律、道徳、美術、諸々の習俗にいたるまで、すべて「古神道」の顕れだとする。もちろん農作物も土もこの神の顕れである。神と人間の区別もなければ、人間と万物の区別もない。生きる意味や農の意味を加藤は、筧との出会いによって、自分の思想的裏付けとした。

大正四年加藤は安城農林学校を去り、大正天皇の大典記念としての山形県立自治講習所（デンマークの学校の影響を受け、内村鑑三の弟子で、山形県の庶務課長をしていた藤井武の努力によってできた独得の学校）の所長として赴任している。

この講習所では、もっぱら大和魂の陶冶に全力を傾注し、各地にある荒地の開墾を農業実習と称して行っている。ここでささげられた根性と情熱は、のちの日本国民高等学校、および満州開拓に向けての準備となるものであった。

この山形県立自治講習所で十年の経験を積み、大正十五年に加藤は茨城県支部に、石黒忠篤、那須皓、山崎延吉、小平権一らを発起人とする日本国民高等学校の初代校長となる。教育方針は一貫して心身の鍛練に重点が置かれ、教職員と生徒が寝食を共にしながら、分担作業を行うというものであった。加藤はこの学校について次のようにのべている。

「この学校は自治講習所と同じように職員と生徒がお互いに大和魂の磨き合いをする学校だから職員がまず一心同体でなければならぬし受持分担をしっかり守る人でなくてはならない。そして生徒をどのような農民に仕上げるかが問題である。確固たる人生観を錬磨されたる日本魂を涵養《かんよう》すると同時に農業経営、農村生活上必要なる生きた知識技能をできる限り修得せしめるよう努めようと考えている。」（『加藤先生―人・思想・信仰』上巻、『加藤完治全集』第四巻、加藤完治全集刊行会、一二五頁）

おりからの知育偏重、つめこみ主義、受動的学習などに抗する意味で、新しい教育という時流に乗ったということもあって、この学校はある程度の社会評価を受けたのである。

ある日のこと、加藤は生徒からの切実な質問を受け、困惑したという。自分には耕やす農地もない、家からの資金をもらうこともできない、自分はどこで農業をやればいいのかを、問われたのである。

農村中堅人物の養成を目的とする加藤の農民教育も、耕やす農地がなければ意味をなさない。彼は必然的に農地問題に直面することになる。地主制度に目の向かない加藤にとって、これの解決には植民しかない。植民は教育の延長だという苦しまぎれの農民教育方針が必然化してしまう。加藤の声を聞こう。

「日本農民に土地を与へ、適当な資金を供給せよ、然らば彼等は立派に世界に、ほこり得る農業経営をなすであらう。現に米国に行って見れば、何百町歩も立派に経営して居る日本農民が現存して居ります。…（略）…此失業の問題と殖民問題とは、日本農村問題の一番大事な問題であります。何となれば、此の二つの問題は、農民自身の生存権の問題であって、同時に我が日本の興亡に関する重大問題であるからであります。実に是は、農民の生命の問題であります。従って若し政府にして此の殖民問題を真剣に考へず、之が実行を躊躇逡巡して居るならば、私は農民の団体を結成し此の力に依りて之を断行することにしなければならぬと思って居ります。」（「日本農村教育」

『加藤完治全集』第一巻、七六〜七七頁）

昭和六年、日本が満州侵略を全面的にはじめ、加藤は時の農林次官であった石黒忠篤、農林省農務局長小平権一、東京帝国大学教授那須皓らと手を結び、満州移民案をうち立てた。昭和七年七月に加藤は渡満して、日本国民高等学校の分校を作り、満州開拓移民の中堅人物の養成、そして、満州での営農の実験を試みていた。石原莞爾の紹介で、加藤は東宮鉄男と会う。この二人の接触はその後の満州開拓の方向性を決めることとなる。

この二人の出会いを、宗光彦（第二次千振開拓団長）は、歴史的会見と呼び、次のようにのべている。昭和七年のことであった。

「七月十四日、加藤氏と東宮大尉との歴史的会見が奉天、大丸旅館の一室に於て行はれた。加藤氏は春以来、東京と奉天との間を屢々往来して満州移民速進《ママ》の運動を続けてゐたが、北満に移民を入れたいと云ふ熱烈な意見を関東軍に具申して来た東宮大尉と加藤氏とが会見してそこに何か進路が見出されぬ筈がなかった。俄然、移民事業に黎明の鐘声が鳴り響く時が来た。加藤氏は忽惶として、奉天を立った。氏を送って安奉線の列車内で移民事業の方針を語り会った時の氏の顔は、あのぼうぼうと生え放題に生えた鬚の中に、包みきれぬ喜びを綻ばしてゐた。氏は帰京直に政府と交渉し、其の間、幾多の難関を乗り切って遂に、氏の熱意は試験移民団送出に成功したのであった。」（満州国通信社編『満州開拓年鑑』昭和十七年、二三二頁）

第一次武装移民団は、三江省樺川県佳不斯の永豊鎮（弥栄村）、第二次は七虎力（千振村）に入植した。これらの地域の治安は、きわめて悪く、抗日の運動が日常化していたという。

現地人の武器回収を契機として、土竜山事件が起きている。この事件は、農地を奪われた中国農民が起こした徹底抗戦の象徴のようなものであった。昭和九年二月に起きている。依蘭の大地主であった謝文東が約七千人の農民兵を引きつれて、日本による土地取り上げ、武器の回収、掠奪暴行などを理由に、土竜山を根拠地にして、立ちあがった事件である。この事件により日本の移民団の気持は消沈し、拓務省、関東軍にとっても、重大な憂慮事となった。

山田豪一はこの事件を次のように見ている。

「この暴動によって第一次・第二次移民団は多数の死者と退団者をだし、あまつさえ、かれらによる農耕作業をおおいにさまたげた点で、移民団自体にとっても土竜山事件は大事件であったが、それよりも、加藤完治・拓務省側、東宮鉄男・関東軍側の移民進出論者を今後送出をつづけていくうえでの一大難関に逢着させた点でより重大な事件であった。……（略）……土竜山事件は移民に割り振られた役目、入植して治安維持にあたるということと入植することがかえって農民の抵抗を助長し、治安を悪化させるということとの間の移民送出政策のうらにある矛盾をあからさまにした。」（「満州における反満抗日運動と農業移民〈中〉」『歴史評論』昭和三十七年七月、七六頁）

劣悪な生活条件に加えて、現地中国農民の激しい反逆に、日夜悩まされるという状況のなかで、移民団のなかからは次々と脱落者が生れた。

脱落した者の多くは、農業の経験のない者、比較的裕福な生活者で、新聞、雑誌による満州熱に煽動されて志願した者が多かったという。逆に脱落しなかった者は、加藤の日本国民高等学校の出身者で、貧困で、満州に活路を求めるしかない純真な青少年であった。

成人移民にかわって、青少年の移民が政策として打ち出されることになる。

昭和十二年十一月三日、「満蒙開拓青少年義勇軍に関する建白書」が出された。

昭和十四年に、朝日新聞社は『満蒙開拓青少年義勇軍』という本を出しているが、当時の拓務大臣小磯国昭と並んでその「序」を加藤が書いている。少し引用しておく。

「私は満州国は、我が敬愛する日本の青少年が、五万十万二十万と勇んで其の聖業に参加することによってのみ、其の理想を具現し得るものと固く信ずる。……（略）……吾等は予め我が日本の青少年を訓練に訓練して、満州建国の聖業に参加さす可きである。満蒙開拓青少年義勇軍は、実に此の目的のために編成せられたものである。日本全国の青少年を、内地に於ては二ヶ月、現地に於ては概ね三ヶ年、適当なる訓練機関に集め、国費を以て真剣なる軍事教練と農事訓練とを施して、彼等青少年の内心に潜む先祖伝来の大和魂、言ひ換へれば其の武士的精神と農民魂とを鍛錬陶冶し、以て彼等を世界の何処へ出しても、押しも押されもせぬ立派な日本人として、満州建国の聖業に精進せしめんとするのが、我が青少年義勇軍である。」（『満蒙開拓青少年義勇軍』朝日新聞社。昭和十四年）

当初、応募者は定員を超えていたが、年々その数は減少していった。それでも志願する若者が決定的に減少しなかったのは、日本国家の宣伝及び勧誘がすぐれていたこともあるが、それよりも、貧農や小作人の子どもにとっては、このことに活路を見い出す以外に生きる方途はなかったという現状があった。

加藤たちが送り出した青少年の末路がどのようなものであったかは、それぞれの顚末記が教えてくれている。幼い少年が鍬一本で北満の荒野に立ち、その数八万数千人、そのうち二万数千人が死んでいる。

加藤は自分がやってきた行為にたいし、一切責任を感じていないということはない。確かに、一時は僧侶になろうとか、自死してつぐなおうとかと思ったこともあるという。しかし、彼の筧克彦の「古神道」に裏づけられた農本主義には、いささかの変化も見られなかった。

そして、なによりも恐ろしいのは、満州開拓ということによって最大の犠牲者となった中国農民にたいし、一片の謝罪もないということである。（どこかで詫びているのかもしれないが、寡聞にして私は知らない）

加藤の満州開拓への意気ごみは、戦後かなりの時間が経っても変わることはなかった。『満州開拓史』（満州開拓史刊行会、昭和四十一年）の「序」の冒頭でこう書いている。

「この満州開拓史は当時あらゆる階層の人々が、不可能だといっていた日本人の満州農業移民が、満州の荒野を開いて、人類の生活の寸時も欠く事の出来ない、衣食住の原料生産を立派に成し遂げたという事実を記録した実に大切な書物である。」（『満州開拓史』の「序」）

客観状況としては、不可能であるとの見方が強いなか、現地に突入し、あらゆる苦労、困難を克服し、それを可能にしたことは、画期的なことだったと加藤はいう。しかし、と加藤は続けて次のように発言している。

「不幸にして世界大戦において、日本が破れ、かつ満州国も滅亡したために、成功しつつあったこの大事業も中途で挫折の止むなきに至り内地より移住した多くの日本農民は、悲惨な目にあって、辛うじて日本に帰って来たのであるけれども、あれ程御歴々が頑固に主張した日本人の満州農業移民不可能論を見事打ち破って、事実をもってその可能なことを示した功績は、絶対に忘れてはならない。」（同上）

荒木貞夫陸軍大臣、高橋是清大蔵大臣、松岡洋右満鉄総裁などとの、やっかいな面会などで苦労したことをのべ、次のように結んでいる。

「要するに日本農民の満蒙農業移民は絶対に可能なりと極印を押さしたことは、戦争で負けて出来た耕地はとりあげられ、また多くの可愛い子供等のみならず、その父母兄弟の多くが生命財産を失った悲しみを以てしても、替え難い大事業をして下さったのである。我等は一面悲しむと同時に、他面ほんとうに有り難く感謝すべきだと信ずる。」（同上）

同じ農本主義者と呼ばれる人物でも、加藤は権藤成卿や橘孝三郎らとは、かなり違った道を歩んでいる。権藤や橘はそれがいかなるかたちであれ、現実世界を変革せんとする思想を持っていた。加藤は現実世界との妥協者であり、国家権力を積極的に支援している。

橘が苦悶の末、旧制第一高等学校を中退し、帰農していったのに較べ、加藤は東京帝国大学を卒業しているのも、いかにも両者の生き方の違いを如実に語っている。

二　桜井武雄・丸山真男らとの出会い

加藤完治の満州開拓を中心とした農本主義をはじめ、諸々の農本にかかわる思想を、日本近代思想の上で、どのように位置づけるかということが、私の次の課題であった。

そこで出会ったのが桜井武雄であり、丸山真男らであった。桜井武雄という人物は、体系的な日本の農本主義研究の先駆者といってもいい。彼の昭和十年に公刊した『日本農本主義』(白揚社)は、マルキシズムの立場から、農本主義の批判を展開した代表的作品であった。その後の日本における農本主義研究は、多かれ、少なかれ本書を前提にしていることは間違いない。豊葦原の瑞穂の国、つまり、天皇制国家を支えた思想として、農本主義の究明にあたったのである。

桜井は、農本主義の出自を、「資本制生産関係の生成過程に於いて、くづれゆく封建=農奴制関係の地盤の上」(『日本農本主義』七二頁)にもとめている。時代の流れにおいて、農本主義は色んな顔を見せるが、結局は次のようなものだという。

「帰するところは、この国の資本主義が依拠してきた基本地盤たる農村の半封建体制を代表・擁護・礼讃せんとするものにほかならなかった。」(同上書、七三頁)

桜井は、本書において、老農主義を語り、小農主義、大農論、産業組合などについて言及し、人物としては、横井時敬、二宮尊徳らを取り上げている。注目すべきは、時代の変遷によって変化する農本主義のありようをのべている点である。次のような説明をしている。

〈封建時代〉

この時代の体制基盤は、農業、農村であることから、当然のことであるが、この時代の支配のイデオロギーの核になるものは、農本的なるものである。しかし、それが自覚的になるのは、「封建社会の胎内に商業資本・高利貸資本が発生し、『貨幣の権力』が発生するにいたってから後ちのこと」（同上書、七四頁）だという。この時期の農本思想家として、桜井は、荻生徂徠、大宰春台、山片蟠桃らをあげている。

〈原始的蓄積時代〉

この期の特徴は、前の「封建時代」の農本思想が、商工にたいする冷やかな眼だったのにたいし、「商工の発展に跛行しとり残されんとする農業を保育助成せん」（同上書、八一頁）とするものだという。

大久保利通、井上馨、松方正義、品川弥二郎らが、この時代の農本思想家だという。

〈資本主義興隆期〉

明治の後半にあたる時期であるが、この期、日本は農業国家より工業国家への転換の時期であった。国家の財源は、商工業に依存し、農は国を守る役割をはたすものとなる。

桜井はこうのべている。

「明治前期の農本主義者がまがりなりにも農業振興＝農業資本主義化策を主張し得たのにたいして、反対にここでは、農業＝農村の資本主義化を恐れて、ひたすら農業旧態の保持を念願としてゐる。」（同上書、八七頁）

この時期の農村、農民の役割について、桜井は、軍事的国防上の関係で、農民はきわめて重要な役割をになうことになるという。日頃、質素な生活をし、厳しい農作業に従事しているため、彼らは屈強な肉体の持主であることから、立派な兵士たりうる資格がある。社会主義の侵入にたいして、都会は革命の製造所であるが、農村は防波堤の役割をはたすことができるというのだ。人物としては、横井時敬、横田英夫らをあげている。

『日本農本主義』を公刊したのは、昭和十年であるが、桜井は、戦後になって、「昭和の農本主義」を『思想』（岩波書店、昭和三十三年五月）に書いた。

昭和の初期には、様々な農本主義が出現したが、桜井は、オーソドックスな農本主義者として、帝国農会の岡田温に注目し、岡田の家族主義的小農主義を問題にして、次のようにのべている。

「岡田は、『農業のすべての問題は、農業経営に根源する』といって、どこまでも農業経営のうちに指導原理を求めようとし、他の多くの農本主義者の亜流のように空想や精神によりどころを求めることをしない…（略）…家族主義の原理に立つ天皇制国家構造の支柱として、半封建的小農制と家父長制家族主義を維持し、擁護し、礼賛すること、ここにオーソドックスの農本主義の本領がある。」（「昭和の農本主義」『思想』、昭和三十三年五月、四七頁）

しかし、この岡田のような農本主義は、経済不況の激化にともない次第に後退し、加藤完治に見られるような「侵略的農本主義」が登場してくると桜井はいう。満州開拓移民を正当化する「内原イズム」、「加藤イズム」の出現である。この期の農本主義者として、桜井はこの加藤のほかに、社稷自治を強調する権藤成卿や、五・一五事件にかかわった愛郷塾の橘孝三郎を取り上げ、彼らの主張を、小ブルジョワ・インテリの農本イデオロギーとしてとらえている。その特徴は、次のようなものだという。

「その農本的立場の基礎になる『農』が、もはや『農業』ではなくして、空想的観念的な『郷土』であり、さらにもっと抽象的な『土』であることだ。この『郷土』なり、『土』なりを底辺にして、その上に『自治主義』の制度なり組織なりをピラミッド型につみかさね、その頂点に天皇制の帽子をのせたものが、かれらの理想の農本国家構造である。」(同上誌、五〇頁)

丸山真男は「日本のファシズムの思想と運動」(『現代政治の思想と行動』未来社、昭和三十九年)のなかで、日本ファシズムの思想的背景の一つとして農本主義に注目し、次のようにのべている。

「日本のファシズム・イデオロギーの特質として農本主義的思想が非常に優位を占

めていることがあげられます。そのために本来ファシズムに内在している傾向、即ち国家権力を強化し、中央集権的な国家権力により産業文化思想等あらゆる面において強力な統制を加えてゆこうという動向が、逆に地方農村の自治に主眼をおき都市の工業的生産力の伸長を抑えようとする動きによりチェックされる結果になること、これがひとつの大きな特色であります。…（略）…一方では益々天皇を中心とした絶対主義的国家権力を強化させ、国権的なものをつよめてゆこうという動向と同時に、他方では日本という観念の中心を国家ではなく郷土的なものにおこうという傾向がつよく内在しております。」（同上書、四九頁）

日本のファシズムには、ドイツのナチズムなどと比較して、農本主義的なものが濃厚に存在しているという。丸山は、農本主義者の代表として、権藤成卿に注目し、彼の『自治民範』、『農村自救論』などに見られる反国家主義的郷土主義や橘孝三郎の『日本愛国革新本義』などを紹介している。

明治以降、日本は中央集権的国家主義の道を歩み、そのために犠牲にされた農村、農民は、不況のどん底におとしいれられた。国家の基礎となるべき農村の疲弊は、実に国家の危機的状況である。この現状をもたらしたのは、明治国家が、プロシア的国家主義を模範とした官治制度を採用したからであり、従って、権藤はプロシア的国家主義にたいする郷土を基礎とした国家の構造を理想とするという。

国家という概念にたいし、権藤は社稷を対立させる。また、五・一五事件の有力な思想的背景となり、みずからも農民決死隊をつくった橘孝三郎も権藤にちかい。反中央、反都会、反国家的心情があふれている。日本は農本にしてはじめて永遠だという。

私が丸山真男を知ったのは大学に入ってからのことであるが、当時は安保闘争の時代で、マルクス主義、唯物史観の大流行の時代であった。（もっとも大学にもよるが）この時代に丸山はマルクス主義に支配されることなく、内面より思想を見てゆこうとする数少ない学者であった。

丸山とのつながりから、藤田省三、橋川文三に私の関心は移っていった。藤田の『天皇制国家の支配原理』や橋川の『日本浪曼派批判序説』は、いまもって愛読書となっている。藤田は農本主義の核となる郷土自治、社稷自治、自然而治に注目し、天皇制支配のために利用されたムラを、彼は「政治権力がそれ自身として独立して存在することを許さない無為自然の共同体」（『天皇制国家の支配原理』未来社、昭和四十一年、一二五頁）と呼び、日本のファシズムとナチズムをこのように比較している。

「この国では、ファシズムは、特定社会層（農村在地中間層）を運動の基礎的な力として出発し、農村郷土の組織化によって体制編成の単位をつくり、その原型のもとに国家の全体組織化を行おうとしたのにたいして、ナチズムは、決して特定の社会層を運動の基盤とはしなかった。そこでは、資本主義社会の全般的危機状況から生れた、社会諸層全盤の不安定と動揺を、現代社会の提供しうる全手段を用いて、時々刻々に組織付け、その瞬間的エネルギーの総和によって体制が獲得され、さらに維持されていた。」（同上書、一三九頁）

次に橋川文三であるが、彼は戦後、憎悪の対象として罵詈雑言と嘲笑を浴びせられた保田与重郎を中心とした、日本浪曼派の本質を根源において解明し、正否は別として、知的青年の多くが、保田の文章に心酔していった事実を確認し、その秘密を探ることに精力を傾けた。保田の内面に食いこむことのない日本浪曼派批判が横行するなかにあって、橋川は内面をえぐるようにして、保田と対峙したのである。その過程で、橋川は農本主義と直面する。日本浪曼派と農本主義の比較には、おのずから限界があることを知りながらも、彼は日本の近代批判という点に両者の共通点を見い出し、次のようにのべたのである。

「農本イデオロギーの最も特徴的表現として権藤の『社稷』の観念をあげることは不当ではないであろう。この特徴的な理念は、ほとんど明白な反国家主義といってもよいものであり、その徹底的郷土主義は、『プロシア式国家主義を基礎とした官治制度』にたいして、ほとんどアナーキズムの意味すらおびるものであった。権藤のいう『プロシア式国家主義』とは、保田における『文明開化』主義の同義語であり、その担い手としての『官治』政治にたいする農本主義の批判は、保田においては、『唯物論研究会』を含む『大正官僚式』の『アカデミズム』批判としてあらわれたといえよう。」（『増補・日本浪曼派批判序説』未来社、昭和四十年、七二頁）

丸山、藤田、橋川らの所論は、いずれも、農本主義の全体像を分析、評価したものではないが、近代日本思想史のなかで、なかんずく、日本ファシズムとの関連で、重要な視点を提示してくれた。

三　農本主義の多様性を知る

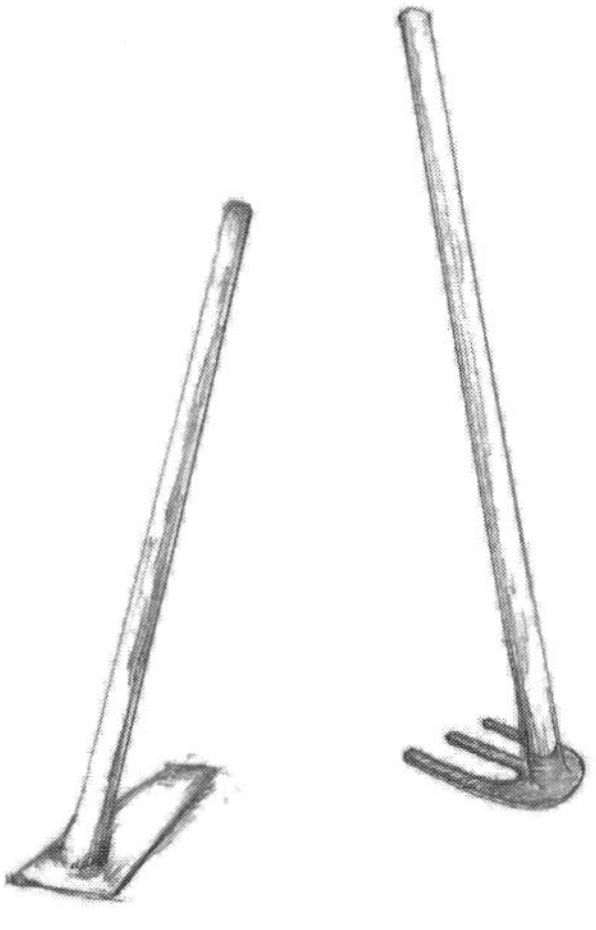

確かに、丸山、藤田、橋川らから私は貴重なものを多く受容したが、それはそれとして、いま一つ農本主義に関してはもの足りなさを覚えるようになっていった。それは、農本主義というものが、日本農民を、そして日本人全体を国家権力の方向に協力させる悪魔のようなものでしかなかったのか、という思いである。

日本人というものは、その多くが、重くて長い農民の歴史を持っている。そうだとすれば、よくもわるくも、このなかで生れた農に関する思想は、一方的にとらえられるものではなく、多面性を持っているのではないか、ということにたどりついた。つまり、ファシズムに協力することもあれば、日本的変革の思想につながる可能性もあるのではないかということである。いろいろな思想家、運動家を掘り出すことになるが、その一人として私は横田英夫という人物に注目することになった。

数多くの農本思想家はいるが、横田は少し色の違った思想家であり、運動家である。尊皇愛国を高唱しながら、横田には農民運動のリーダーとしての顔があるのである。農本主義の旗をかかげながら、農民運動家として活躍する人物は、日本近代史上彼以外に例を見ないのではないか。

農本主義者の多くは、帰農の詩《うた》をうたう。観念世界での農によりそい、米づくりの国への回帰を願う。汚濁と混迷の渦巻く都会の生活に疲れ、原初的生命の泉を求めて彷徨する詩人は数えきれない。人間の持つエゴイズムに挑戦し、失われた純粋無垢の魂を奪回するかに見えるこの詩に、彼らは寸時の恍惚感を味わうのであった。

しかし、この営為の果てに、もたらされたものは、現実回避という自慰行為の拡大のみであった。このような雰囲気のなかで、ギリギリのところで、横田英夫は、この状況にのみこまれることがなかった農本主義者であった。

横田英夫は、明治二十二年に埼玉県秩父郡高篠村大字松谷に、内田熊吉の二男として生れ、五歳のとき、同村の横田宮次郎の養子となっている。学歴ははっきりしない。新聞記者や著述を行い、埼玉、東京、長野、新潟、福島などを転々としている。明治四十四年に、新聞『東京朝日』に、「東北虐待論」を連載している。(明治四十四年八月十四日〜二十四日)。これは彼の論壇へのデビュー作である。「東北虐待論」の「冒頭と」「結び」をあげておく。明治四十四年八月十四日の冒頭にはこうある。

「在野の識者より将た又当時の人より東北振興策を聞くこと久し、曰く勤勉なれ、曰く団結せよ、曰く産業を奨励せよ、曰く人材を養成せよ、曰く東北人親ら自覚せよと、其目の繁其の項の多殆で僂指するに遑あらざる程なり、斯の如く朝野の与論は東北の野に注がれ、上下の同情が東北の地に鍾るにも拘らず、東北は果して能く発展したる與、」

明治四十四年八月二十四日の「結び」は次のごとくである。

「東北は決して破格の保護を要求せず、唯平等に待遇せよ従来の虐待を撤廃せよと要求するなり、優待せよと云ふことゝ虐待する勿れと云ふことゝは大なる相違あり、優待せらるべき地位に居りながら虐待する勿れと希ふは、是れ極めて可憐従順なる願にあらずや、無慈悲なる政府を裁ける時は、自然的圧迫は已むを得ず之を忍ぶべし、唯之れに加ふるに政治的圧迫を以てせらるゝは断じて忍ぶべからざるなり、…（略）…再び云ふ東北の振興は此不条理なる虐待を撤廃せしむる意気と順序なくしては到底望むべからざるなり。」

横田の著作としては、『農村革命論』（大正三年）、『農村救済論』（大正三年）、『日本農村論』（大正四年）、『農村改革策』（大正五年）、『農村の声を聞け』（大正八年）、『農村改造か農村革命か』（大正九年）、『現下の農民運動』（大正九年）、『小作問題研究』（大正十一年）などであるが、横田は、大正六年に、福島県耶麻郡熱塩村に帰農している。三年足らずの帰農生活であったが、この間に、『読売新聞』に、「農に帰らんとして」を連載している。

この「農に帰らんとして」の最後の文章をあげておこう。

「私は最後に云ふ、私は自由ならんが為めに、故に正しき生活を営まんが為めに農に帰る。私は自然に帰らんが為に、故に稚児の心を以て農に帰る。…（略）…私の後半生は、唯、自然にたいする忠実な奉仕と生産にたいする勤勉な努力を以て終るであろう。私はさう云ふ私の生活の中から生産以外に私の為すべき仕事が生れて来ることを信ずる。」（『読売新聞』大正六年九月五日）

この時点では、横田は逃避の世界のなかにいるといえよう。自然や土への回帰をうたった多くの農本主義的詩人と同列に並べることができる。しかし、彼はここにいつまでもとどまってはおれなかった。三年足らずで、この生活に終止符を打ち、大正八年には、『福島日々新聞』の客員として、再び評論の世界に舞いもどっている。ついで、新潟県で須貝快夫と共に小作人組合運動に突入し、大正十三年には、岐阜県において、平工喜一、河合栄三郎らに引っぱりだされ、小作人側に立った激烈な農民運動の指導者となっている。

中部日本農民組合の結成と同時に、彼はその会長となる。この組合にとっては、初陣ともいうべき岐阜県稲葉郡鶉村争議において、横田はよくこれを指導し、小作料の減免などを地主側にのませ、地主と小作の関係を自由契約にもとづく対等の関係にさせ、このことを世間に広く認識せしめたのである。

この鶉村における勝利は、中部日本農民組合のその後の発展にとって、大きな意味を持つことになる。これが契機となって、横田の名声は広く響きわたり、小作人たちは彼を救世主と呼び、地主たちは、横田を鬼と呼んで恐れたという。彼は従来の農民運動家の姿からは、想像もつかないような姿をしていた。それぞれの土地での講演には、セルの詰襟服を着て、家では大島絣の着流しであった。

彼の農民運動の理念の大きな特徴は、尊皇愛国の大義をかかげていることであった。そのことと農民運動とが結びついているというところに、横田の特徴があったのである。彼には、国家権力の本質に関する分析も、階級的視点に立った歴史認識もなかった。にもかかわらず、小作人たちから圧倒的支持を受けたのはなぜか。

それは、日本の農民運動をはじめ、革新運動のリーダー達が欠落させてきたものを、横田が本能的に知っていたということである。革新運動家たちの高尚な理論と、民衆の日常的思惟との間にあるギャップを彼は理解していたのである。小作人たちが日頃思い願っているものは、高尚な理論ではなく、小作料の減免などという、実に日常的利益の要求であった。横田はこの点に執着した。

民衆の日常的生活感情とか日常的思惟というものを把握し、うまく利用するのは、いつも支配体制側である。民衆というものは、いかなる高尚な理論や思想があろうとも、現実に執着するものは、日常的利害である。人間そのものの存在がそういうものである。

ドイツの場合を少し考えてみよう。あの素晴らしい平和憲法（ワイマール憲法）を持っていたワイマール共和制が、十四年しか続かなかった。ワイマール共和制の永続性を拒み、ナチスという怪物を登場させてしまった原因はどこにあったのか。史上最高の民主憲法と呼ばれたワイマール憲法に基づいたこのワイマール共和制は、世界平和に大きく貢献するであろうとの期待が大きかった。それがそうはいかなかったのである。

この共和制というものは、そもそも、はじめから人気がなかったのである。民族の熱い血、情熱的信念に基づく深い内省によってつくられたものではなく、軍事的崩壊による外交上の利益、および戦勝国たちの圧力によって生れたものであった。ドイツ国民によって、この共和制は、はじめから愛されてはいなかったのである。

脇圭平は、ワイマールについてこうのべている。

「ワイマールの十四年間をマイナス・シンボルとして見るのは、『過去の克服』という課題を真剣に考えた歴史家や政治学者だけではない。この時代を実際に体験したドイツの一般の大衆にとっても、いや彼らにとってこそ、この時代は、なにもかも目茶苦茶な、思い出すだけでもぞっとするような悪夢にうなされ続けの地獄の二〇年代だったからである。『恥辱《シャント》と屈辱《シュマツハ》の時代』というイメージは、今でもドイツの古い世代の中に底流として根強く生き続けている。」(『知識人と政治—ドイツ・一九一四〜一九三三—』岩波書店、昭和四十八年、一〇〇頁)

当時、ドイツの民衆を覆っていたものは、焦燥や怨恨、自暴自棄、絶望であった。指導者への失望が重なれば、悪者でもいいから、強力な人物への憧憬となる。パンを保障しないワイマールがなんだ、ヴェルサイユ条約を破棄できないワイマールがなんだ、というドイツ国民の切実な声をナチスはうまくとらえていったのである。

地主と小作の関係の撤廃を叫んだり、農民の救済を大声で叫ぶだけでは、農民はついてはこない。憲法よりパンを優先したドイツ国民と同様、日本の農民も日常的利益を欲したのである。

私は横田の指導のあり方に、深く大きいものを感じとることができる。農民運動の武器となるもの、もっと根源的にいうならば、人間の行動の動機づけとなるものは、完璧にして高遠な理論ではなく、人間の日常的思惟にくい込むものでなければ有効性はないということである。リーダーの思想のなかに、たとえ混濁が見られたとしても、そのなかに、民衆の日常的利害を刺激し、それを受容してくれるものが存在しているならば、民衆はそれに従う。

当時の生れたばかりの農民運動などが、農本主義的なものを把握しないで、ほかにとらえるべき主勢力がどこにあったというのか。理論というものが、どれほど整合性を保っていようと、美しく構成されていようと、それだけでもって、階級闘争や農民運動の有効な武器となることはない。

横田の岐阜県における農民運動の指導は、それまでのマルクス主義の安易な方法に、厳しい反省をうながすものであった。

山崎春成の横田評価をあげておこう。

「ともあれ横田英夫という異色の人物が、日本農業論の展開のなかにおいてもつ特色は、農本主義的理念から出発しながらも、ありきたりの農本主義者のように『農』を一体としてとらえるのではなく、地主と小作・貧農という現実の分裂と対抗の関係においてとらえ、そして最終的には後者の側に決定的に加担した――それも筆の上においてだけでなく、実践的行動において――ところにあった。…（略）…彼の思想は矛盾にみちているともいえよう。しかしその矛盾は、彼が執筆しつづけたのは抽象的な農業理念あるいはその他のイデオロギーではなく、困窮と圧迫にあえぐ小作・貧農の生活を、明日といわず今日にも打開しようとその道をさぐりつづけたところから発しているように思える。」（近藤康男編『明治大正農政経済各著集12』農山村漁村文化協会、昭和五十二年、山崎春成「解題」二四頁）

四　柳田国男への接近と離脱

（一）横井時敬と柳田国男

農本主義研究のなかで、私は柳田国男に出会うことになる。というのは、明治期の後半に農本主義者に横井時敬という人物が存在した。この人物とのつながりで柳田を知ることになったのであるが、まず、横井時敬について少し言及しておきたい。

横井は、万延元（一八六〇）年、熊本藩士横井久佐衛門の四男として熊本に生れている。明治四年に熊本洋学校に入学し、同八年に卒業している。明治十一年には駒馬農学校に入学し、同十三年に卒業した。翌年、神戸師範学校に勤めるが、同十五年には福岡農学校に転じている。この福岡農学校に七年間いたが、この七年が彼の学問的実力養成期間といえるものであった。「老農時代」と呼ばれた雰囲気のなかで、彼は近代の西洋農学をもって、それに対抗していった。研究の中心は稲作の改良であった。明治二十七年には、東京帝国大学教授となる。時代の先駆者として輝かしい業績を残すことになる。

田中正造の例の足尾鉱毒問題にもかかわっている。横井は鉱毒の被害地を歩き、「坪刈鑑定書」なるものをつくり、この問題に深くかかわることになった。この「坪刈鑑定書」とは、田村紀雄の説明によれば次のようなものであった。

「その鑑定内容は、ひとくちにいって鉱毒のデータによる立証だった。報知新聞は『著しき新発見は玄米及蕾に十分の銅分を含有』したと、三号活字で大きく書いた。報知新聞までが『鉱毒の被害なることは明らか』だと断定したのだ。…（略）…公判に提出された横井時敬の坪刈鑑定書は、『鑑定の為に指定せられたる土地は、少数の外皆多少の毒土を其土中に混じ、若しくは其土表に戴かざるなし。此毒土は有害恐るべきの銅分を含有し…（略）…、一旦此毒土の侵入を受けたるものは、之によりて全く其地力を恢復する事能ざりし』とまで言い切った。」（「横井時敬の農本主義思想」『季刊・田中正造研究』No.5、わらしべ書房、昭和五十二年、二九頁）

農学の世界において、純粋な研究者であった横井は、科学的合理主義に執着することによって、公害の問題に疑問を発し、鋭いメスを入れることができた。

ところが、このような科学者横井には、もう一つの別の顔がつくられていった。それは、農政評論家、農本主義鼓吹者の顔であった。横井の農政論の基調に触れておこう。彼が農政にかかわりを持ってくるのは、日本が農業国家より、工業国家へ転換しつつあった頃からである。大地主は寄生化し、中小地主は資本の圧力に敗け、不安な状態におとしいれられる。土地制度の矛盾も露呈し、労働運動も活発化し、社会主義思想も流れこむ。農業重視の意味が変化せざるをえなくなる。

農業は国家の財政を支えるものではなく、もっぱら、国防的、社会不安解消の手段としての役割を担うことになってゆく。つまり、社会政策の一つとして、農の問題が浮上するのである。

横井は、このような状況に、自分の論潮をうまくのせ、リーダーとして活躍する。商工業と農業の役割について彼は次のようにのべている。

「嗚呼商工は国を富ます所以なり、農は国を守る所以なり。商工は進歩的の業なり、農は保守的の業なり。商工の発育進歩は必ずしも奨励保護に待たず、農業は特別なる保護の下に始めて健全なる発育をなすを得べし。故に弱者を助けて強者の餌となるを免れしむるは、抑も国家の義務にあらずんばあらず。」(『横井博士全集』第八巻、横井全集刊行会、大正十四年、一三三頁)

稲作の改良に基づく、農業の生産性とか、国家的財源というようなことよりも、国家的有事に備えての農の重視、そのための国家的保護というところに横井の眼は移ってゆく。

戦争においても、農兵が最も強力で、愛国の情も深い。それに較べ、商工兵は戦争に向いていないというのだ。

次のような暴論をはいている。

「兵隊としては農兵より外に適したものがない。何分農兵と云ふものは身体は強壮である、常に風雨に曝されて居る、又常に太陽に照り付けられて居る、マヅイ物を食って居る、不衛生極ったことをやって行きつゝあるから、戦争に出て不衛生のことを為し、而も敵に打勝つ事が出来るのである。先づ握り飯に梅干を食い、尚ほ時々飢ゑるやうな場合には、何うしても農民でなければ身体が続かない、然るに都会に生活をして居ると、段々風邪を引き易くなる、」(『横井博士全集』第二巻、横井全集刊行会、大正十四年、三三四〜三三五頁)

なんという農民蔑視か、なんという傲慢か、横井の本質が、ここに露呈している。横井が小農保護を説くのは、彼らのためではなく、地主制度擁護のためのものであった。

こういった横井の農政論にたいし、これを批判していったのが、当時新進気鋭の農政学者柳田国男であった。柳田は民俗学の大家であるが、それ以前、農政に関する研究者であった。

彼は明治三十三年に東京帝国大学を卒業し、農商務省農政課に勤務している。明治三十五年十二月には、『最新産業組合通解』を刊行している。産業組合というものは、「小生産者」のためのものでなければならぬが、現在設立途上にある産業組合の実態は、その組合員は大部分がある程度の資産家で、肩書きのある者であり、「小農商工業者」などは、その恩恵にほとんどあずかることがないという。本書の「自序」で柳田はこういっている。

「現今各地に設立せられたる産業組合の実況を聞くに、其組合員たる者は多くは相当の資産、地位ある者に限り、例へば小作農の如き自己の勤勉と正直との他には、信用の根拠とすべきもののなき者は殆と皆共同事業の便益に均霑する能はざるが如し。有力者が卒先して一郷に唱導することは尤慶賀すべしと雖、法律の主眼は寧此等最小の産業者にして、銀行をも会社をも利用すること能はざる者に、別種の方面より生活改

良の手段を得せしむるに在ることは、本文処々に細叙する所の如し。」（『定本柳田国男集』第二十八巻、昭和三十七年、五頁）

小作料米納を主張していた横井時敬にたいし、柳田はこれを批判する。

「地主は値比《ねごろ》を見計って貯蔵売却の二つに一つを決するのみならず、尚進んで市場の景気を制御するのであります。此相場たるや合百師が空手で勝負を決するのとは違って、片手に実物を持っての掛引でありますから、小なりと雖も勢力であります。此点にかけては永年の練習に依って地主は皆相応の技倆をもって居ります。殊に片足を商業界にも入れて居る地主は、随分之に依って烈しい遣繰をするやうであります。」（『定本柳田国男集』第十六巻、筑摩書房、昭和三十七年、一五一頁）

柳田の農政論は、その当時の農本主義的なものとはおのずから一線を画するもので、実証性の上に立ったものであり、単なるヨーロッパの輸入農学そのものでもなく、日本の伝統的なるものを活用しながらも慣習的農学の固陋性に拘束されることなく、新しい合理性を追求したものであった。この柳田の農政論が余りにも先駆性の濃いものであったため、東畑精一は、「孤独なる荒野の叫び」と評した。

東畑は次のようにのべている。

「柳田氏の言論はまさにただ孤独なる荒野の叫びとしてあったのみである。だれも氏の問題意識の深さや広さを感得するものはなく、その影響をうけるだけの準備をもつものはなくして終ったのである。氏はこの意味で余りにもその時代の農政学や農業経済学の問題意識や認識水準から高く距りすぎたのである。…（略）…米納小作料の持つ経済的作用を看破するだけの農業経済学者は存在しなかった。」（「農政学者としての柳田国男」『文学』第二十九巻第一号、岩波書店、昭和三十六年一月、四四頁）

「田舎と都会」の問題に関しても、柳田は横井が強説する「都会熱」なるものを、鋭く批判している。田舎の若者が都会に憧がれて流出するのは、一時の迷いであり、病気であるとする横井の主張にたいし、柳田は、それは生活上の知恵であって、健全な経済人の判断だというのである。

日本の資本主義の内部矛盾を、都会の繁栄と田舎の貧困の対比にすりかえ、食糧自給体制、強兵の培養地としての田舎に同情と賛美を与えようとしている横井の姿勢を柳田は見抜いている。つまり、横井の表面上での反資本主義的傾向の裏にかくされているもの、それこそがムラを利用しながら国家統制に協力する農本主義だとして、柳田は内面から攻撃しているのである。

官界に入った柳田が気づいたものは、幾重にもはりめぐらされた現実国家の狡智であった。産業組合の講演と普及のための地方歩きは、民衆との接触を強くし、そのことは柳田をして、国家への憤怒をつのらせていった。

彼の地方歩きは、官僚としての仕事の一端であったが、それはやがて、農政学からの脱却と民俗学への接近となっていった。

いうまでもなく、農政学に打ちこんでいた時期にも、柳田は「幽冥談」を『新古文林』に明治三十八年九月に発表するなどして、合理の世界に徹しきれない世界、つまり神秘、不可思議の世界に引きこまれてゆく一面があった。

幾度となく実施される地方講演の旅を利用して柳田は、国家の論理ではとらえきれない地方にしかありえない世界をのぞいている。

明治四十一年の五月末から八月にかけて、九州旅行をするが、途中七月に宮崎県椎葉村を訪れ、村長宅に一週間滞在している。そのとき猪狩りの話を聞く。国家の法とは無関係の慣習法の存在を知り、驚いている。同じ年に水野葉舟が佐々木喜善を連れてきた。彼から岩手県遠野地方の山の不思議な話を聞いている。

『山人外伝資料』の冒頭で、柳田はこういっている。

「拙者の信ずる所では、山人は此島に昔繁栄して居た先住民の子孫である。其文明は大に退歩した。古今三千年の間彼等の為に記された一冊の歴史も無い。それを彼等の種族が殆と絶滅したかと思ふ今日に於て、彼等の不倶戴天の敵の片割たる拙者の手に由って企てるのである。此だけでも彼等は誠に憫むべき人民である。併し斯言ふ拙者としても十余代前の先祖は不定である。彼等と全然血縁が無いとは断言することは出来ぬ。」（『定本柳田国男集』第四巻、筑摩書房、昭和三十八年、四四九頁）

柳田の主張に迷いはない。きわめて単純である。山人はこの列島に実在していた人たちであり、かつてこの地で栄えた先住民の末裔で、今日彼等の勢力は極端に弱体化し、絶滅の危機に瀕しているのだという。

彼らは稲を携えて後にこの列島にやってきた人たちによって、追いやられたのである。柳田はこの追いやられた先住民の子孫に、かぎりない憐憫の情を寄せようとする。

『遠野物語』においても、無数の山人や山の神の伝説をもって、平地人を戦慄せしめよとまでいっている。そして、この日本列島の先住民を先祖に持つ山人の研究が深くならなければ、日本人、日本文化の深奥に触れることはできないと柳田は当初考えていた。そして、その研究に当初は自信を持っていた。

ところが思うように資料が収集できず、また、南方熊楠とのゆがみあいもあって、この研究はまもなく頓挫することになる。柳田の眼は、いつしか山から平地へと移行する。この柳田の眼の移行には、資料不足や熊楠の問題以外に天皇制国家とのかかわりがあった。

天皇制というものは、稲作文化の上に成立しているもので、それ以外のまた、それ以前の文化を追求してゆくということは、やがて天皇制国家とは異質の文化を探索することになり、それはやがて、天皇制に敵対することにならないともかぎらない、柳田は天皇制国家の官僚の地位にいた人間である。天皇制に弓を引くわけにはいかない。彼はそのことを憂慮し、次第に、山から平地へと眼を移したのである。

先にあげた『山人外伝資料』とか、「山人考」などにおいて、強力に主張していた山人＝先住民説を直接語ることは、漸次少なくなっていった。日本列島の複数民族説も複合文化説も視界の外に投げ出されてゆく。山人から常民（＝平地人＝稲作民）への柳田の視線の転換である。

このことは彼の民俗学の性格を決定づけるものとなってゆく。単純に山に関する研究が終焉したということではなく、民俗学形成にあって、都合の悪い民俗資料は排除してゆくという彼の姿勢につながったような気がする。平地人とは違う山人への関心は、山人の持っていた文化への関心であり、日本列島の複合文化への注視でもあった。

当然のことながら柳田の山人のなかには、アイヌや蝦夷の存在もあった。それらも彼の視野からは、はずされていった。そして、彼は一国民俗学形成のために、瑞穂の国、天皇制国家に加担できるもの、あるいはその可能性を持っているものを、より多く拾うという選択をしたように思われる。草創期における民俗学にとって不利となることは可能なかぎり避けてゆこうという打算もはたらいたと思われる。柳田の胸中にあったものは、日本を稲の豊穣で彩られた豊葦原の瑞穂の国にしたかったということではないのか。その枠内での常民の学ということに、柳田の精神は集中せざるをえなかった。常民の学は、稲霊を核とする瑞穂の国のためにあらねばならなかったのであろう。

そうなると、柳田の民俗学を利用して、日本文化の古層を探り、日本人論を展開してゆくという方向には、一つの明らかな限界があるということになりはしないか。日本人論、日本文化論に関して、柳田の民俗学は、いかなる点で貢献し、いかなる点で限界を持っているかは大きなテーマである。

柳田の民俗学が、文字を持たない無名の人たちを中心に、日本文化を照射することに熱い精力を注入したことは間違いない。確かに、それまでの日本の歴史書というものは、文字が読め、書ける人、つまり自分たちの足跡を記録として残せる人たちのものであった。いわば、それは支配者層の文化であった。柳田はそういう記録文書のなかには登場することのない民衆の日常生活に注目した。そのことは画期的なことであった。

しかし、それは、あくまでも農本的天皇制国家を支えてきた文化の発掘につながるものであり照射であった。この国家の裏側に、あるいは側面にへばりついていた闇の領域の歴史ではなかったのではないか。豊葦原の瑞穂の国である日本の「正」の文化の発掘に、柳田民俗学は大きく貢献したが、「負」の領域、「闇」の領域の文化の発掘には必ずしも貢献していないのではないかと私は思う。

柳田の山人論の周縁に関して谷川健一は次のようにのべている。

「南方熊楠との応酬がおこなわれたのちも、柳田は山人への関心を持続させたが、そこでは山人を先住民の末裔とするあからさまな主張は捨てられ、山の神秘はもっぱら山民の生活と宗教の話に限られている。山人＝先住民説を証明できなかったことによるひそやかな挫折感が、『山の人生』（大正十五年）の全篇を煙霧のように蔽っていて、山人論の終焉を告げている。山人への関心は、平地人である日本人とは異質の民族文化への傾斜であり、日本列島の歴史を異質の文化も含めた複合体として把握しようとする視点にほかならなかった。その意図が挫折したあとは山人の対象となるアイヌや蝦夷などの存在も、柳田の目標からはずされ、ふたたび復活することはなかった。それは柳田の民俗学、ひいては日本民俗学にとって大きな転回であった。」（『柳田国男の民俗学』岩波書店、平成十三年、四二頁）

（二）赤松啓介との接触

柳田国男の学問に、ある点で疑問を持ち始めたころ、私は赤松啓介という人物に出会った。

彼は兵庫県加西市に生れ、行商をしながら、民俗学を志していた。絶頂にあった柳田の存在を知りながらも、若い無名の赤松は、柳田にかみついたのである。赤松が『民俗学』（三笠書房）を出版したのは、昭和十三年であった。そのとき彼は、まだ三十歳になっていない。

当時、柳田を批判、攻撃することは、民俗学に関係している人たちにとっては、決死の覚悟のいることであった。

昭和十三年当時、柳田は円熟味を増した「大御所」的存在であった。この赤松の『民俗学』が柳田の眼に触れていないわけがない。しかし、柳田は歯牙にもかけなかった。赤松のこの書は、その後も日本民俗学の世界からは無視され続けたのである。赤松が当時どのような状況下に置かれていたか、佐野眞一は次のようにのべている。

「戦前から柳田のプチブル性を批判し、唯物論の立場にたって夜這《よば》いと非常民の民俗学研究を一貫してテーマとしてきた赤松は、最近でこそ、阿部謹也、網野善彦、山折哲雄などから再評価の熱いまなざしが注がれているが、柳田が神のごとく跪拝《きはい》された戦前、戦中、戦後を通じ、赤松の名を口にすることすら一種のタブーとなっていた。唯物論研究会事件の連座などで二度にわたる投獄を受けながら、非転向を貫き、戦争末期にようやく釈放された経歴をもつその赤松を、終始一貫して擁護してきたのが宮本だった。」（『旅する巨人—宮本常一と渋沢敬三—』文芸春秋、平成二十一年、一〇三頁）

こんな状況だから、赤松の『民俗学』など読まれるはずがない。それはこの書が取るに足らないからではない。マルクス主義的視点からの民俗学を、柳田やその周辺は警戒し、恐れ、できることなら、そっと葬りたかったのではないか。

柳田たちは、自分たちの権威を維持するために、赤松を黙殺したとしか思えない。福田アジオは、この赤松の『民俗学』が無視された理由と、そのことの持つ現代的意味について、こうのべている。

「完全に無視されたと言うべきであろう。しかし、価値がないから無視されたのではない。その逆である。影響を恐れての無視だったと思われる。今日、民俗学は出版物が多く出ることによって発展しているかのように見られるが、内実は混迷の度を強めていることは明らかである。これからの民俗学がどのような道を選択して歩むのかは、若い世代の研究者に委ねられている。民俗学を目指す多くの若い人々が『民俗学』を読むことで、鋭い問題意識と強烈な批判精神を学び、自己の民俗学観を形成し、主張してほしいと願って、本書の解説としたい。」（復刻版『民俗学』の「解説― 赤松啓介の民俗学と『民俗学』―」、明石書店、昭和六十三年）

柳田は赤松を黙殺したが、赤松は柳田の民俗学創造への情熱と功績を高く評価している。日本民俗学の開拓者として最大の功労者だという。

「柳田国男は既に明かなように日本民俗学開拓者の一人であり、かつ現在の発展にまで導いた最大の功労者であり、今や『大御所』的存在として特に地方研究者の渇仰の的となった。あらゆる彼の誤謬と偏向にもかゝはらず、アカデミー的研究者達の蔑視に対抗して、こゝまで民俗学を築きあげた功績は偉大なものといえよう。」（『民俗学』三笠書房、昭和十三年、五四頁）

一方で、このように柳田にたいし敬意を表しながらも、彼の学問は、小ブル的農本主義的傾向を持ったもので、真に民衆の日常に降りていったものであるかどうかは、疑わしいという。

赤松は柳田民俗学に向けて、いくつかの問題点を指摘している。

その一つは、彼の民俗資料の採取の件である。

昭和十年八月に柳田の還暦記念に結成された「民間伝承の会」があるが、ここに彼のねらいがよくあらわれていると赤松は、次のようにのべている。

「民間伝承の会とは地方の小ブル的研究者を組織化し、それを資料採集の吸盤として利用するためのものであり、だから地方の研究組織乃至雑誌の整理を統制、それを通じて研究者及び研究を一定の方向へ制約することを目的としてゐる。『研究題目の分担を明かにし、資料の交換を旺んにし、採集方法と技術の習熟を計り、無駄の採集重復を避け、また未採集地域の採訪を促進すること等、総て意識的な方法によって、此の学問の発展を期することが可能だと思ひます。』といふ趣意は、地方研究者を単なる採集者に陥入れて隷属させようと企図してゐる。中央の研究者にとってのみ誠に結構な可能性ある趣意だらう。」(同上書、五五頁)

肝心なことは中央にいる研究者が独占し、資料を採集するだけの人たちが地方にいるということへの批判である。

「一将功成りて万骨枯る」という声は、なにも赤松一人の声ではなかった。柳田のために多くの地方人が犠牲になったことは、多くの人の指摘しているところである。地方にいる採集者は、「柳田大先生」によって、自分の名前が、中央の雑誌に載るということだけで無上の喜びを感じ、有頂点になる。その心理を柳田は利用する。

次のような発言もある。

「地方にいて民俗学を研究しているといっても、その多くは、民俗学の資料を採訪《ママ》して、それを素材のまま雑誌に発表し、学界に提供するというだけの仕事でありまして、実際の研究をしている人は中央におって、全国から集まった資料の上に研究を進めていったに過ぎないのであります。これが偽らざる事実であります。」（一志茂樹「民俗学と地方史研究」、野口武徳・宮田登・福田アジオ編『現代日本民俗学』（1）、三一書房、昭和四十九年、一五七頁）

赤松がいうには、柳田は実際のところ、ムラで民俗を本当に採集したことなど、ないのではないか、と。地方にいる人たちが必死になればなるほど、中央の研究者は太ってゆくという構図があった。研究者と採集者が分断されるのは、民俗学という学問の宿命だと馬鹿なことをいう人もいるが、そうではあるまい。地方にいる人を単なる資料採集者に閉じ込めるということは、中央研究者への隷属を意味し、問題意識も資料の方向づけも、中央にいる研究者のものとなる。地方にいる人たちの問題意識や発想は完全に消されてしまうことになる。

佐野眞一は渋沢敬三と柳田を較べてこういっている。

「柳田は『郷土研究』などを通じ、多くの郷土史家に働きかけて民俗学に興味をもたせていったが、その多くは柳田の忠実な民俗資料レポーターとして終わった。この点について岡正雄は、柳田学の基礎資料は多くの無名の報告者の報告から成り立っている、とした上で『ずっと後になって、先生にたいする僕の悪口の一つが、柳田学は〈一将功なって万骨枯るの学問〉だということです。お前たちは報告だけしろ、まとめるのはおれがやる。僕はいつも何か割り切れない気持でみていました』と述べている。これに対し、敬三は後述するように、すぐれた在野の研究者をみつけると、その人間がもっているものをすべて吐き出させ、さらにそれによって一人一人が独自の研究姿勢をもっていくように仕向けた。これは何も専門の研究者に限らなかった。敬三は、ごくふつうの漁民や開拓農民にまで声をかけ、彼ら自身に筆をとらせた。それこそが真の学問への貢献になる、というのが敬三の考えだった。」(佐野、前掲書、一六〇～一六二頁)

次に赤松が柳田民俗学にたいし、批判したのは、性に関する柳田の姿勢である。衣・食・住と並んで人間の生活の基本である性の問題を回避して成立する民俗学とは、いかなるものかという問題提起をしている。

国家というものは、常に性の問題に敏感である。性の秘めたる爆発力は、何をもってしても抑止し切れないからである。いかなる道徳、倫理、法的規制をもってしても、性の力を封じ止めることは不可能なのである。

柳田は、日本の軽薄な近代化にたいしては鋭い批判の矢を向けはしたが、国家の側に立たざるをえない立場にあったのである。猥雑な問題を積極的に扱うようなことなど、はじめから無理だったのであろう。

赤松は柳田の置かれていた立場を理解しつつも、こうのべている。

「周知のように日本民俗学の主流であった柳田派は、こうした性的民俗については、実に頑強なまでの拒否反応をしめした。当時の民俗学の置かれた状況からみて、ある程度までの自制を必要とした立場は、私にも理解できる。しかし彼と、その一派の拒否反応は異常というべきまでに昂進してしまい、人間生活にとって最も重要な半面の現実を無視する誤りを犯した。」（『非常民の民俗文化』明石書店、昭和六十一年、四〇頁）

柳田が性の問題に消極的であり、回避する姿勢を批判したのは、なにも赤松だけではなく、南方熊楠もその一人であった。

大正三年五月十四日、南方は柳田に次のような書簡を送っている。

「今度の貴状を見るに、猥鄙なことは紙上に上さぬ由、これまた道のためには然るべきことなり。しかしながら、ここに申し上げ置くは、世態のことを論ずるに、猥鄙のことを全く除外しては、その論少しも奥所を究め得ぬなり、御存知ごとく、英国は礼儀の外を慎むこと、言語の末に及び、陰陽に関することのみか、今といえども厠、便処、虱、糞等の語すら慎み、ギリシア・ラテンの古書、中古の書ども、また他国の文学を訳するにははなはだしく困難し、一切これを省くこと多きがゆえに、真意分からず、これがために学問が外国に先を越されしことすこぶる多し。」（『南方熊楠全集』（8）、平凡社、昭和四十七年、四〇六頁）

南方は、夜這の話などにも触れ、これは、ムラが存立してゆく上での必要なもので、ムラの安全、繁栄持続のために欠かせないものだといっている。ムラの内部の民衆にとって、性に関する話や唄は、卑猥などといってかたづけられるものではなく、生活そのものであった。

猥雑な問題として、柳田が性習俗のことを忌避したことは、そのことによって民俗学が、公的には認められたとしても、それは骨のない身体のようなものとなり、国家による性の管理に協力することになってしまった。

衣・食・住と男女の関係を除いて人間の生活はありえないといって、社稷の思想を提起してくれたのは、農本主義者権藤成卿であるが、南方も同様、性の問題は人間生活にとっての基本的要素の一つであり、これをはずせば、人間生活の深層の部分が抜け落ちてしまうと警鐘を鳴らしているのである。

谷川健一は、性の問題を回避した柳田民俗学は、民俗学の基本的領域を落としてしまい、天皇制に接近する道を断ってしまったと、次のようにのべている。

「男女の性愛は民間の習俗や伝承のあらゆる部分に入り込んでいるといっても過言ではない。今にしておもえば南方の言葉は、彼が猥雑な言を放恣に弄するという批難に答えての弁疎であるというだけでなく、柳田民俗学の出発にあたってはやくもその限界をするどく指摘したものにほかならなかった。なぜなら庶民の生活は猥雑さを抜きにしてあり得なく、また猥雑さによってしか、支配階級を撃つことはできないからである。……(略)……柳田民俗学は性の問題を忌避したがために天皇制に肉迫する衝激性を失ったのである。」(「『縛られた人』のまなざし」『南方熊楠全集』(8)、平凡社、昭和四十七年、六三六～六三七頁)

性の問題の追求は、人間の生存の根源に触れる問題であると同時に、そのことを極力抑制し、管理しようとする天皇制国家の本質を追求することになる。したがって、極論すれば、性の問題を扱わないということは、その時点で、天皇制国家権力とその支配に敗北を喫したということになるのである。

この性の問題を柳田ができるかぎり避けようとしたのにたいし、赤松は執拗に追求したということは、二人の民俗学の方向性がそれぞれ明確だということだ。

赤松は、なにはさておいても、この性の民俗だけは、はずしてはならぬと次のようにのべている。

「戦前において、あらゆる民俗が調査・研究の対象になったかというと、そういうことにはなっていない。その最も顕著な例は、『性』民俗である。国家が売春を公認していたのであるから、『性』の重要性もわかっていたはずであった。しかるにワイセツをもって、公開を弾圧したのはどういう根性か疑われる。『性』がワイセツであるなら、人間の生活でワイセツでないものは一つもありえない。」(『非常民の性民俗』明石書店、平成三年、二二一〜二二三頁)

国家権力というものは、民衆が長年あたためてきた習俗のなかで、自分の都合のいいものだけを維持・保存し、そうでないものは、弾圧、排除してゆく。柳田の民俗学は、この国家の方向性に寄与することになったと赤松はいう。

ムラにおける民衆の諸々の営みが、強引にすべて官製化されるわけではない。表面的には従っていても、裏の世界、奥の世界では、彼ら独自の深淵の世界に生きている。この深淵の領域に、触手をのばさないかぎり、民衆の日常はわかるはずがないと赤松は考えているのだ。

彼はとくに夜這いの日常性を高く評価し、これに注目する。この夜這いに注目したのは、柳田民俗学の空白を埋めるという意味もあったが、しかし、それだけではない。夜這いを肯定するということは、教育勅語などによって、性の管理をはかろうとする国家権力に対峙することになる。教育勅語などによって、国家が用意する道徳や倫理を御生大事に守っていては、ムラは滅びるという。それと同時に赤松は、重大な問題を投げかけている。それは性習俗の弾圧と資本主義の発達との関連である。

夜這いなど、性の習俗を禁止、弾圧することが、国家的規模の遊郭運動やその他の遊所による巨大な税収につながることを、赤松は指摘している。

「明治政府は、一方で富国強兵策として国民道徳向上を目的に一夫一婦制の確立、純潔思想の普及を強行し、夜這い弾圧の法的基盤を整えていった。…（略）…農村地帯で慣行されている夜這いその他の性民俗は、非登録、無償を原則としたから、国家財政にたいしては一文の寄与もしなかった。…（略）…明治政府は、都市では遊郭、三業地、銘酒屋その他、カフェー、のみ屋など遊所の発達を保護、督励し、はるかに広大な領域の農村にも芸妓屋、料理屋、性的旅館、簡易な一ぱい屋などの普及によって、…（略）…ともかくそうした国家財政の目的のために、ムラやマチの夜這い慣行その他の性民俗が弾圧されたことは間違いない。」（『夜這いの民俗学』明石書店、平成六年、八五〜八六頁）

赤松が夜這いをはじめとする諸々の性習俗を注視したのは、なにも面白く、おかしく、興味あることを取り上げて、世間の注目をあびようとしたのではない。そこには、天皇制、国家権力、資本主義経済の発達などとの密接な関係性を追求しているのである。

いま一つ、赤松の主張の大きな特徴は、自分の民俗学を「非常民」の民俗学と呼んだことである。これは柳田の常民の学にたいするものである。柳田の民俗学の中心が常民であることはいうまでもないが、この概念の定義ということになると簡単ではない。

柳田も民俗学のスタートは、常民を対象とするものではなく、山人とか山の神秘といったものであった。サンカ、マタギ、木地屋、山人、ヒジリなどが登場する。こういうものに主眼が置かれていたのである。

常民が柳田の学問の中心をしめるようになるのはもっと後であるが、その経緯をここで細かく説明することはしないが、農民と常民の区別を伊藤幹治の論によって確かめておきたい。伊藤はこの両者を対立概念ではなく変容してゆく概念としてとらえているのである。

伊藤はこういう。

「柳田のイメージのなかに定着した『農民』とは、喜びを分かちあい、悲しみを共にした、地域社会としての郷土に生活する住民のことである。ところが、常民となると、こうした実像が捨象され、ひとつの抽象概念にすぎなくなっている。」（『柳田国男―学問と視点』潮出版社、昭和五十年、六〇頁）

伊藤は、柳田が農民と常民の存在する舞台の違うことに注目しているのである。農民が郷土を舞台にしているのにたいし、常民は、国家社会という抽象的なものを舞台にしているという。

もう一点、伊藤の文章を引いておこう。

「『農民』はローカル・レヴェルの実体的な人間像を、『常民』はナショナル・レヴェルの抽象的な人間像を意味している、ということができよう。このように、《柳田学》の主役が実体概念から抽象概念に変貌し、その舞台が郷土から国民社会へと移行したことです。柳田の視点に、次のような変化が生じたことを意味している。それは、『農民』を媒介とした郷土性の追求から、『常民』を媒介とするエートノス（民族性）の討究への変容ということである。」（同上書、六〇～六一頁）

赤松にしてみれば、柳田の使用するものが農民であろうと、常民であろうと、それは要するに、生存している人間の一部のものを指しており、ごく表面的なものにすぎないというこだわりを持っているのである。赤松は、柳田が、どの階層を中心に、民俗学の主体を構成しているかに注目しているのである。要するに柳田民俗学が排除した人たちの文化のなかに、真の日本人の文化を見ようとする。日本の「正史」にのみ登場する人間のものではなく、その底に、あるいは奥に多くの文化がかくされていると見る。

日本人の文化全体を活性化してゆく原点には、「正史」のなかには見られないものが多くあることを赤松は指摘しているのだ。彼はこういう。

「いわゆる民衆、市民、常民といわれるような階層の他に、その底、あるいはそのまた底、その下の底などにも、いくつもの人間集団があり、かれらがどのような生活意識をもち、どのような生活民俗を育ててきたか。その極めて概要を説明してみたいと思ったのが、『非常民の民俗文化』である。日本の民俗学では、常民以下の生活集団は余計者として排除、つまり疎外してしまう。常民までは人間だが、それ以外の生活集団は、非人間として対象から外した。」（『非常民の民俗文化』明石書店、昭和六十一年、六頁）

柳田は日本の近代が生んだ、とてつもない大きな知識人である。前人未踏の広大な分野に鍬を入れ、膨大な量の仕事をした。

しかし、赤松にしてみれば、柳田の学問は結局、非常民の民俗を切り捨て、天皇制国家を支えてゆくものだけを日本人の民俗と称したのだという強い思いがある。

このことに彼は、柳田民俗学の決定的失敗を見ている。柳田のこの学問によっては、日本人全体の文化の本質にせまることは絶対できないという。

階級的矛盾や土地制度の矛盾を無視し、あるいは隠蔽するものとしての常民の学を、赤松は許せなかった。

確かに、人間を資本家対労働者という二大階級対立の構図のなかに組み入れてしまうと、人間の本質を見失う危険性がある。しかし、この点を完全に無視することも、同時に見失うものがある。

今日、階級対立というような構図を持ちだすと、時代錯誤として、一蹴されかねないかもしれないが、それでいいのか。いまもって、階級対立は厳然として存在し、その枠内でしか考えられない民俗もある

（三）柳田民俗学とナショナリズム

柳田民俗学とナショナリズムの関係は、きわめて大きな問題をはらんでいる。

柳田は極端な尊皇愛国の旗を振ったわけでもないし、右翼団体の一員であったわけでもないが、柳田の創設した学問が、どこか、私には、日本のナショナリズムと無関係ではありえないような思いがある。

なぜ、そのように思うかというと、今日展開されている日本人論、日本文化論、日

本学などの背景に、ある種の不健全なものを感じ、それらの諸論が、柳田の学問を多く利用しているからである。

民俗学が、ある確かな批判精神を喪失し、好事家的な民俗採集に明け暮れするとき、それがいかなる結果をもたらすことになるかは明らかである。

もちろん、ナショナリズムがいつも危険で、不健康なものであるとはかぎらない。植民地支配から脱却する際に見られる、あのナショナリズム的感情の昂揚などは、素晴しい未来を切り開くための不可欠のエネルギーでさえある。

柳田のめざした民俗学は、はたして、どのようなものであったのか。ここでは柳田の故郷喪失の感情とナショナリズムの関係性に触れてみたいと思う。

柳田は多くの人が持ち合せていたような、故郷にたいする感情を持つことなく、なかば漂泊的な生活を余儀なくされたようなところがある。そのことは、彼の初期の作品であるが、漂泊者、山人の方向に関心を寄せていたことと無関係ではあるまい。一時、かなりのエネルギーを、柳田は山の不思議さ、山人研究に注いだことは周知の通りである。しかし、その研究は長くは続かず、やがて平地人、定着人、稲作人の方向に移ることになる。

ただ、その場合の平地人、稲作人への接近ということは、具体的故郷人というものではなく、きわめて抽象的な日本人、日本民族というものであった。このことは、故郷喪失者柳田のたどる必然であったように思われる。具体的故郷喪失者は、抽象的日本、国家、民族へと歩を進めざるをえない。

柳田には『故郷七十年』という作品があるが、そのなかで次のような故郷への思いをのべている。

「私の両親は兄弟のない人だったし、せいぜい故郷は次兄の養家先がある程度。そこも帰郷して訪れるには億劫なところであり、一年ほど預けられたことのある辻川の三木拙二氏家宅にゆく以外にないのだが、その家も世の中の変遷に会って寂しい生活になってゐるので行って慰めたいとは思いながらもなかく訪れにくいといった状態にあるのだから、なみの人の故郷と私の場合とは余程違ったものがある。」(『定本柳田国男集』別巻第三、筑摩書房、昭和三十九年、八頁)

柳田にとって、故郷とはただ生れた場所ということであって、訪れてみても、しっくりとくる場所ではなかった。

明治八年に柳田は兵庫県加東郡田原村辻川に生れていて、「柳田」はのちの養子家の名字で、もとは「松岡」である。松岡の家は、代々医業を職業としていた。国男の父である操もその仕事を継ぎながら、儒学を学び、学校の教師や神官をつとめていた。つぶてをくらったり、村八分的差別を受けたわけではないが、その土地に土着していた人間とは違っていた。家の建っている土地も借地であった。

国男は十歳のとき辻川を離れ、母の生地である北条に移り、その翌年には約一年間、辻川の三木家に預けられた。次いで茨城県の布川、さらに東京へというように、転々とした少年期を送っている。

このような環境に置かれていた少年国男は、当然のことながら、ムラの子どもたちと群をなして遊ぶこともなく、その土地の氏神を中心としたムラの祭りに酔いしれるということもなかった。山川草木だけが国男の友だちであったのだ。

次の文章は、柳田のムラ人にたいする屈折した気持がよく表現されている。

「とくに隣組付合をした人々でも、都会に出た者がやって来られると、鉢巻を取って挨拶しなければならない。つい面倒だから、知らんふりをしてすごしてしまふ。いいかへると私どもが知らん間に上流階級の人になってしまってゐたわけであった。」（同上書、二四〇頁）

自分たちが「上流階級」になっていたというようなことが、柳田にはなんの羞恥心もなく平然といえるのである。ムラ人の冷たい視線を彼らの遠慮深さと間違えるほど彼は思いあがっているのである。こういう話をとりあげる人もいる。

「さて、現在、その記念館まで建てている辻川の人々の柳田についての評判であるが、表向きは郷土の生んだ偉人といわれていても、柳田を実際に知っている人たちは意外なほど素っ気ない。鼻こぶを二つ重ねて、にやりとした人もいた。」（岩本由輝『柳田国男を読み直す』世界思想社、平成二年、一五五頁）

「上流階級」になった柳田は、なんとしても生れ故郷に錦を飾りたかったし、目立った寄贈がしたかったのであろう。故郷の氏神様である鈴の森神社の鳥居の内側にある最初の石柱の巨大さはなんであろうか。異常な大きさである。向って右が「奉・松岡鼎」、左が「納・柳田国男」である。川本彰はこのことを次のように説いている。

「石柱のある場所といい、その大きさといい、彼の生家の社会的地位、家柄からいって異様な目立ちようである。そして、とくに柳田の場合、彼は養子にいってすでに柳田家の人間であった。ムラの論理からいって、石柱にとうぜんきざまれてよいのは、松岡家にとっての大恩人、そして大庄屋という名望家、三木家の名ではなかったか。いくら三木家がひっそくしており、松岡二兄弟が大金を出したからといっても、少々異様なことに思われる。よくムラの人たちがそれを許したというのが私の実感である。」(『日本人と集団主義——土地と血』玉川大学出版部、昭和五十七年、一七〇頁)

ムラの氏神様を共有しえない柳田の生れ故郷への思いが、ついに多額の金銭の寄付になったのであろうと思われる。

故郷喪失、半漂泊的人生というものが、当時の人間にとって、どれほど淋しく、切ないものであったか、はかりしれない。いずれにしても、このことが柳田の学問、思想形成上、きわめて大きな意味を持つにいたったことは間違いない。柳田の故郷喪失と彼の学問の関係を次のようにのべる人がいる。

「彼(柳田)にとって故郷は、少年の時に失った母親の面影に似たものがあり、その生涯は、追憶のヴェイルの奥にかそけく秘められた亡き母の面影と現し身の女性の間に求める男のさすらいに似たものがあった。事実、『雪国の春』や『豆の葉と太陽』に見られる、滅びゆくものへのかぎりない愛惜の情をこめた美しい漂泊のリリシズムが、あるいは柳田学に先行し、あるいはそれと並行していた。…（略）…明治のナショナリズムの流れの中に発生した、特異な故郷喪失者のひたむきな自己恢復を媒介とした民族の発見へといたる歩みの中にこそ、柳田学の本質をとく鍵を求めるべきであろう。」（安永寿延『伝承の論理――日本のエートスの構造』未来社、昭和四十年、二九九～三〇〇頁）

生れた土地を離れ、各地を転々とせざるをえなかった人間が、故郷への思いを希求すればするほど、それは幻想にちかいものとなり、現実に存在する矛盾や毒は後方に退き、あるいは消去され、美しい祖国、民族に飛翔してしまうことがある。

柳田は偏狭で強力なムラの呪縛に悩むこともなかったが、他方、ムラ全体で共有するハレの日の興奮の渦に入ることもできなかった。

郷土を絶対的価値として、それに執着し、外部からの攻勢に抗してゆく世界のあることも柳田は認識することはなかった。故郷とか郷土というものは、いつも権力に吸収され、そこに住む民衆を統制するための手段として利用されるばかりではない。ときとして、それは外からの権力支配にたいし、ムラ人を守るための反逆の志向を持つことがある。柳田にはその志向がない。次のように指摘する人がいる。

「柳田の故郷への愛は、現実の故郷によっては受けとめられも、報いられも、しないものであった。そこで彼の郷土愛は拡散して、彼の郷土の構成要素が発見できる日本全土におよぶことになる。受けとめてくれる故郷があったならば、ひとまず郷土愛として定着し、そこから政治的な地方主義にまで発展しえたかも知れないものが、個別的な安住地を与えられなかったために、ナショナルな普遍に向けて拡散してしまったのである。」（三輪公忠『地方主義の研究』南窓社、昭和五十年、六四頁）

柳田の故郷への思いは、自分の心的空白を埋めるものともならず、実態はほとんどなく、そのために、その具体的土地から湧出してくるものを孕むことがない。したがって、そこを拠点として、近代や中央や国家を撃つという姿勢は生れない。

柳田が郷土研究というとき、それは郷土そのものの研究ではなく、郷土を手段として、日本列島全体が辿ってきた道を知ることを意味しているという。そうだとすれば、郷土の内部矛盾などは消去され、〝山は青きふるさと〟、〝水は清きふるさと〟の部分が拡大され、文部省唱歌と等価となる。

柳田民俗学の主要な目標の一つが、民衆の信仰心意世界、つまり、家や祖先、神道の解明にあったことはいうまでもない。

ムラ人たちの神にたいする日常的な思い、神道の教義によるものではなく、日常生活のなかで、民衆の生活事実としての神との交流を柳田は見ようとしたのである。ムラに住む住民のなかで、氏神はどのようなかたちで、溶けこんでいたのであろうか。神との交流を柳田は次のようにのべている。

「生まれて三十日目の初出の日には、産土神の御社に参らぬ者は一人も無く、七つの歳に潔斎をさせて、改めて氏子入りをさせて居た土地も多いのであります。海外の旅行の出立と帰省にも、都市のまん中でもなほ氏神社の祭典が行はれて居ます。日頃改まった願掛けはせぬ者でも、不思議に命を助かったといふ場合には、先づ氏神様に礼参りをして居ります。…（略）…何代とも算へられぬ祖先の世から、人は生まれるとすぐ御見えをして、毎日のやうに境内に来て遊びました。親祖父母以外に子供の成長ぶりを、又はどういふ心願が胸に萌して居るかを、氏神さまのやうによく御存じの方は、他に無いと考へられて居たのであります。」(「神道と民俗学」『定本柳田国男集』第十巻、筑摩書房、昭和三十七年、三二八頁)

柳田は、ムラ人一人ひとりの精神生活が、ことあるごとに、この氏神とのかかわりを持ったところで営まれているといいたいのである。

このようにムラ人の心中深く食い込んでいたこの氏神信仰に、激震が走った。明治末期のことである。明治国家が、神社合併政策という挙にでたのである。合併の対象とされたのは、無格社とか村格社と呼ばれた小規模な神社であった。表向きは神社設備の充実とか、ムラ人の経費負担の軽減、敬神の情の深化拡大といったことをあげているが、明治国家の狙いはそんなところにあるのではなかった。真の狙いは、ムラ人たちの胸中に宿る信仰心意のなかに侵入し、その世界を、国家中心の信仰につなげようとすることであった。

ムラ人が最も深いところで依拠している信仰を、バラバラにすると同時に、国家目的に沿う方向、つまり国家神道に直接することが本来の目的であった。

日露戦争後、国家は栄光の道を歩んだが、個人の暮しはそれとは逆で、困窮するばかりであった。個人の国家への忠誠心は希薄になり、国家離れが流行した。国家にしてみれば、このことは一大危機であった。対策として個人の関心を国家へ向けることが焦眉の急となっていた。その一つの策が、神社合併政策であった。個人の固有信仰を国家神道に結びつけることであった。

私的生活姿勢の拡大、充満は明治国家にしてみれば、きわめて憂慮すべきことであり、放任しておれば、国家の瓦解につながりかねない危険性を孕むものであった。国家は祭祀権をにぎり、個人の信仰心意の世界に深くかかわっていった。

その土地、その森、その祠でなければ味わうことのできない習俗の日常性を破壊し、合理化、近代化という美名のもとに、この政策を断行した明治国家にたいし、柳田はどのような反応を示したか。

彼は故郷の氏神を中心とした祭祀に関し、燃えるような情熱を持つことはなかったが、この神社合併の強行が、ムラ人たちの心的支えを奪うものであることは理解していた。

しかし、柳田は国家の策としての神社合併運動にたいしては反対しているが、彼も氏神信仰を一般化し、日本固有、民族固有の信仰とし、国民生活の精神的支柱としたいのである。ここに彼のナショナリズムと氏神信仰のかかわりが、避けられないものとして浮上してくるのである。つまり、柳田は民衆が心の深部で認めてきた固有の信仰は、彼流のナショナリズム形成の重要なポイントになるとの認識を持っていたのである。

彼はそれぞれの地域に存在する氏神信仰が、そのままナショナリズム的なものになると考えていたわけではない。それぞれの地域の閉鎖性を持った氏神信仰が、日本民族にとっての固有のものであることを、国民一人ひとりに自覚させたかったのである。

国家が作為する神道ではないが、国民の内面的心情に基づく共同の意識としての柳田流の神道を意識していたように思う。

故郷における氏神と一体化した生活体験のない柳田は、いきなり、氏神を民族的、日本人的なものに持っていきたかったのであろう。

しかし、それぞれの地域に存在する氏神に寄せるムラ人の感情が、どれもこれも同じであるはずがないし、同じものだと自覚しろといったところで、無理な話である。そういうものを、どうやって共通のもの、共同のものにしようというのか。

長い歴史のなかで継承されてきたものは、その特殊性のままでいいではないか。それを何故、普遍化したり、一般化したりすることを日本人全体に自覚させようとするのか。

やはり、ここには具体的故郷を持たなかった柳田の心情がよく表現されているように思えてならない。故郷、郷土を、日本全体に求めたように、彼は郷土の氏神信仰を全国共通のものにするようムラ人の自覚をうながしたかったのであろう。

しかし、すくなくとも、信仰心意の世界で、合理性、普遍性、画一性といったようなことは避けるべきである。雑多な信仰は、雑多なままで存続せしめてゆくなかで、強要される諸々の力から、ムラを守る道になるのではないか。

地域に存在する氏神様は、その地において気の遠くなるほどの歴史をきざみ、明るさと同時に暗い闇の世界も維持してきた。その暗闇のなかには、ムラ人を守り、誰からも邪魔されない陰湿なものを持っていたのである。それこそが外部の圧力から自分たちを守る唯一の手段だった面があるのだ。

松永伍一の次の文章をあげておきたい。

「燈明を一本立てて寺や祠や神社や洞窟に籠るものは、決して他者への配慮などをもってはならないし、自己の存在を集約する一つの点への収斂が個の劇的空間を凝縮し、みずからを『開かずの箱』に仕立てていくのである。ふたを開けてはならないという禁欲性がその中味を〈危険なもの〉にさせるように、外部にたいしておのれを『開かずの箱』としてふたを開けずにおけば、おのれの〈亡命的自由〉は〈危険なもの〉としての価値をもつのである。治外法権としての〈情念の自治区〉が思想的意味を所有しはじめる条件は、この〈危険なもの〉でなくてはならない。」(『原初の闇へ』春秋社、昭和三十六年、一六頁)

五　宮沢賢治との邂逅

私の思想史研究のなかで、宮沢賢治の占める位置は、かなり大きなものがある。この賢治への接近の端緒は何かというと、これも農本主義との関係である。

賢治は大正十一年から同十五年まで、稗貫農学校（後の花巻農学校）で先生をしている。その最後の年のわずかな期間であるが、この農学校のなかに、岩手国民高等学校というものが併置された。賢治はこの学校で講師の一人として、「芸術」に関する授業を担当している。

この岩手国民高等学校とは、いかなる性格のものであったか。学校長には岩手県内務部長の坂本暢、生徒指導の中心となったのは、同県の社会教育主事の高野一司という人物であった。この高野という人物は、天皇中心の国粋主義を高唱した東京帝国大学教授の筧克彦とか、茨城県友部の日本国民高等学校の校長加藤完治などの薫陶を受けていた。賢治はこの高野ときわめて親しく、高野が不在のときは賢治が代理をつとめたという。筧や加藤の名前が登場するところを見ると、なんとなく神がかり的な臭いがしないでもない。

大正から昭和にかけて日本は、工業優位、農業恐慌の時代であった。農村の若者は都市へ流出し、「都会熱」と呼ばれるような風潮があった。経済的に益することの少ない農業は、将来のない職業であるとの認識が拡大していった。この現状を憂慮し、その対抗策として、農業教育が浮上してくる。知的教育よりも、情動的教育、金銭に対抗しての農の意義の鼓吹、都市の頽廃にたいする農村の健全さ、人格の形成などがプログラムの主眼におかれる。つまり、塾風教育の必要性が説かれたのである。

この岩手国民高等学校の開校式の模様は次のようである。

「県教育会県農会連合主催に係る本県国民高等学校開校式は既報の如く十五日午前十一時より県立花巻農学校に於て挙行された…（略）…関学務課長より『最近成人教育の必要が叫ばれ又教育の都市集中が行はれ農村の荒廃を来してゐる為地方の中心人物を養成する必要がある』と開校の趣旨を述べ坂本校長は三十二名の生徒に対し『国民高等学校は本県に於ける最初の試みで御当地の有志の援助と生徒諸子の熱烈な御希望とに依り満足すべき状態の下に開校するに至ったのは感謝に堪えぬ都会の商工業に於ては相当の利潤を得てあるが農村の疲弊困憊は極めて憂ふべき状態にある其の開発と農村芸術の発達を図り地方文化向上のためにも地方産業の発展のために粉骨砕身奮

闘を希望する』と訓辞をなし…」（「和賀新聞」〈大正十五年一月一七日〉『校本宮沢賢治全集』第十四巻、筑摩書房、昭和五十二年、六〇二頁）

都市の商工業の発達に較べ、地方農村の疲弊には眼をおおいたくなるものがあり、この窮状打開のためには、地方農村の活性化、充実が是が非でも必要だということで、この国家的要請をこの学校は引き受けたのである。

皇国精神の涵養、発揚のための「日本体操《やまとばたらき》」が日課の一つになっているところなど、加藤完治の日本国民高等学校の精神と同じである。この学校での賢治は、生徒と共に積極的に日常の課題をこなし、一度も休んだことはなかったという。経済不況を精神力で補い、全身全霊を捧げて、皇国農民の育成を目的とするというこの種の学校方針に、賢治は居ごこちのよさを感じていたように思われる。

この官製の農民教育運動に、賢治が一方的にしてやられるということはないと思うが、彼には別の意図があった。それは農民芸術に向けての熱い思いである。厳しい日常のなかに芸術を導入し、生活を芸術にするという、いわば芸術による生活革命という夢を、賢治は追い求めていたのかもしれない。芸術で腹はふくれぬことは百も承知であるが、農業労働と芸術の統合という夢を彼は追い求めたのである。このエネルギーの激しさは、かなりのもので、それはやがて例の羅須地人協会での活動につながってゆく。

農民芸術を教える一方で、賢治の心中には、「日本体操」など、捨てきれないものがあった。この学校のストイックな雰囲気を彼は素直に受け入れるようなところがあったのである。長い髪をしてコーヒーを飲んだり、酒を飲み、タバコをふかす青年像を彼は極力嫌う。商業主義的金もうけを嫌い、土を耕やし、禁欲的、自虐的に自分を貫くことを人間の理想像にする。したがって、この岩手の国民高等学校の自力更生的、精神主義的教育方針に賢治はそれほどの違和感は持たなかったのであろう。ただ賢治は、地質学、土壌学、肥料学などについての研究者であり、科学者であった。したがって、「日本体操」などが、いかに空虚なものであるかは、熟知していたはずである。

一寸先が闇のような東北の地の農の貧困という状況のなかで、農民が待ち望んでいたものは、あくまでも貧困からの脱出であり、稲の増収、肥料、品種の改良であった。必要なものは「大和魂」でもなければ、プロレタリア文学でもなかった。賢治はこの農民たちの現実的利益の欲求もよく認識していた。それだからこそ、他方で、芸術の炎を燃やしたいと願った。しかし、前者への共鳴者は多くいても、後者の共鳴者は限られていた。

花巻農学校の教え子たちとの触れ合いからも、様々なことを賢治は体験してゆく。農学校の卒業生が、農村を捨てて都会へ出て行くことに賢治は涙を流した。農業の後継者、農村の中堅人物育成が主眼であるはずの農学校であるにもかかわらず、「月給生活者」として都会に流出する多くの若者に、彼は憤怒の感情さえ抱く。

学校も学校で、卒業生が「月給生活者」として多数をしめることを誇りとする風潮があることに、賢治は悲しむ。しかし、現実には、この花巻農学校の卒業生は、過半数が農業を捨て、官公庁その他の道に進んでいる。

若者が農村に留まったからといって、農家の現金収入が増すことはない。したがって、先生たちにしても、生徒に向って、都会に出るな、とはいえないのである。賢治も現実的にはその一人であった。この点では、賢治は多くの農本主義者と同様である。都会は悪の温床で、農村を聖なる地とみなし、商業を農の敵、破壊者、侵略者と断定している。日本の資本主義の構造的矛盾、土地制度の矛盾などについて、賢治が知らぬではない。しかし、ついにその追求に深く足を踏み入れることはなかった。

彼は社会主義についても造詣は深く、労農党への支援も現実に行っている。ただ賢治は、地主対小作という対立の激昂、農民組合、農民運動の治発化だけで農村の問題が解決するとは思っていなかったのである。

（一）東北と縄文文化と賢治

宮沢賢治は東北の人であった。故郷（岩手県花巻）を離れて生活することはほとんどなかった。大正十年一月、国柱会を訪れるため上京、赤門前の文信社で筆耕、国柱会本部での奉仕活動などをするが、妹トシの病気のため帰郷、その年の十二月には稗貫農学校（後の花巻農学校）の先生になっている。生涯の大部分を彼は故郷にいたのである。

東北の地は縄文文化の栄えた地ではあるが、天皇制国家の文化圏からは排除され、圧迫され、差別されてきた。谷川健一は、この縄文文化が日本の「正史」からは欠落していることを、次のようにのべている。

「これまで日本の歴史は弥生時代以前にさかのぼることはなく、縄文時代の歴史は、

『前史』として、それ以降の歴史から切り離された。しかし幾千年に及び先住民もしくは原住民の生活と意識が、日本歴史の骨格を、もっとも深部において形づくっていないはずはない。それなくして日本列島社会の歴史を総体として把握することはできない。その深層の意識の部分を切り捨てた歴史は、首を胴体から切りはなした『首なし馬』にひとしくはないか。」(『白鳥伝説』集英社、昭和六十一年、五二九頁)

たとえ描かれたとしても、この東北の地は中央の文化とは異質なもので、劣等なものとして扱われる。日本人の内面に深く宿っているであろう狩猟採集文化は、消されていった。『日本書紀』などの描写を見ても、蝦夷は王化に従わない、つまり、「まつろわぬ」者たちの集団として描かれる。夏は木の上に住み、冬は穴に寝る。恩は忘れるが、怨みは忘れることなく、かならず報いるといった性格の持ち主であると記されている。

賢治の心中深くには、中央から軽視され、無視され、虐待されてきた東北と、そこに住む人々にたいする深くて熱い同情心があった。死の直前まで農民救済に向ったのも、その他の犠牲的精神を農民に払ってきたのも、表面的には彼の人生の大きな部分をしめるものではあるが、しかし、それは賢治の血の部分から湧出してきたものではないように思える。それは近隣の貧農たちから収奪して太った宮沢一族への憤怒からくる彼の贖罪ではなかったか。

農へのかかわりは、賢治の体質には合わなかったのかもしれない。ただ目前の農民の米の増収という切なる願いに応じて、彼は死力を尽くしたのである。田畑で淋しげに、うつむいて歩く賢治の姿はあっても、鍬や鎌を持って、嬉々としている姿はない。

山の登降は活発で、健脚を発揮した。岩手山の魅力にとりつかれ、登った回数は数えきれない。運動神経の鈍い彼が、山で見せる健脚ぶりには驚かされる。山人こそ彼にはふさわしいのだ。田畑が修行の場であったとするならば、山は賢治の心の癒しの場であった。狩猟採集の世界で、人が生きるために決定的に大事なことは、生態系を破壊しないことである。人間が主人公であってはならないのである。

人間を自然から切り離し、自然を支配するものとしての地位に置くことが、進歩、発達だとする文明史観を、賢治はあらゆるところで拒否する。賢治の描く童活の世界では、人間と他の生物との間に溝はない。すべてのものが、宇宙の一員として等価である。主体性の確立や自我の拡大が正しくて、近代化の方向だとするならば、賢治は逆の方向を正と呼ぶであろう。このような考え方は、仏教以前の縄文の世界の血が、彼をそうさせたのである。梅原猛は賢治の童活の根源にあるものを次のようにのべている。

「賢治は人間だけが世界において特別な権利をもっているとは考えない。鳥や木や草、獣や山や川にいたるまで、すべてが人間と同じように永遠の生命をもっていると賢治はみなしている。永遠なる生命を付与されながら争わざるをえない人間の宿命と、その宿命からの超越、それが賢治が詩で歌い、童活で語る世界である。そのような世界観を、私はかつて仏教の世界観と見ていたが、あるいはそれは、仏教移入以前の日本にすでに存在していた世界観かもしれない。そして、この東北の地が、そのような世界観を永く保存し、それが賢治の詩や童話となってあらわれたと見るべきであろう。（『日本の深層―縄文・蝦夷文化を探る』集英社、平成六年、七九～八〇頁）

あらゆる生物が大調和のなかで、それぞれの存在理由を持って生きている。山も川も、草も木も、犬も猫も、みんな賢治のともだちで、彼らのつぶやきを賢治は聞くことができる。太古の時代、人間も他の生物も共にコミュニケーションのできる共通語があったかもしれない。その共通語が賢治には理解できるのかもしれない。彼は鹿と話ができ、草木のつぶやきを聞くことができる。このような人間も他の生物も同一基盤に立つ世界、その世界が生みだす文化を、稲作一元論や弱肉強食を進化だとするヨーロッパ文明が破壊していったのである。

東北の地は、もともと稲作とは関係なく、自然豊かな地であった。この地が貧困の地、飢餓の地と呼ばれるようになったのは、稲作の強要が開始されてからのことである。このような寒冷地に稲作が適するはずがない。水田稲作を受け入れてからというものは、東北は常に恐怖のなかに置かれた。縄文の血が流れている東北の生活文化は、西南地方から稲作をたずさえてきた集団に、支配された。東北の地の人たちは、王権に従わぬ者、つまり、「まつろわぬ者」として扱われたのである。彼らは光の届かぬ闇の世界に追いやられ、先住権を奪われ、抵抗すれば、反逆者と呼ばれ、鬼と呼ばれ、抹殺されていった。

延暦二〇年(八〇一)に、桓武天皇は征夷大将軍に坂上田村麻呂を任命し、激烈な蝦夷攻撃を開始した。次の年、蝦夷の長であったアテルイは田村麻呂に敗れる。『日本紀略』には、アテルイと母礼は、兵五百人をつれて、田村麻呂に投降したとある。

賢治の作品の一つに、「原体剣舞連」という詩があるが、この詩のなかに、「悪路王」という人物が登場する。この「悪路王」は、王化に徹底して反逆した集団の長であろう。中央権力を手こずらせ、雄々しく闘って散っていった偉大な敗北者である。この偉大な敗北者に賢治は共感している。悪路王の無念さを払拭し、供養するために賢治はうたい、踊ったのであろう。

（二）山男について

賢治は山男が好きで、山男にやさしい。山男と一体となって、全身で自然を満喫している。彼自身が山男で、縄文人であるかのようである。一方で賢治は、近代科学、技術にたいする造詣も深いが、他方では近代の知という枠組みを破壊しようとするところがある。そして、信とか情とかの世界に生きようとする。

縄文人にとって、捕獲しようとする動物は、近代人が思うような単なる捕獲の対象物ではなく、尊敬に値するもので、神でもある。熊も鹿も猪も獲物ではあるが、神でもある。その神を食すことによって、山男は神の霊力を体内に入れる。そこに祈りが生れ、感謝の気持が生れる。縄文時代は宗教の時代であり、山男は敬虔な宗教人でもある。

賢治は童話のなかに山男を登場させることによって、縄文の世界に自分を投げ入れたのである。純粋無垢で、正直で、素直で、幼児性を日常とする山男を描いた。視、聴、嗅、触、味の五感を使いながら、大自然がくれる美しさに溶け込み、日常を生きる山男の姿は、賢治そのもののようである。賢治が描く山男の特徴をいくつか検討してみたい。

山男は生産活動をしない。

山男は稲も野菜も生産しない。狩猟、採集以外にはなにもしない。生産活動に異常なまでの価値を与えてきたのは、近代であり、近代産業であった。多忙な生産活動というものが、経済的価値をこえて、道徳的、倫理的価値になり、神聖なものとなった。この生産活動に生甲斐が強要され、このことに寄与する行為をもって、唯一の価値とされた近代人が、本来の人間の姿に戻るのは困難なことであった。近代以降、労働の神聖さという幻想に、私たちはとりつかれた。

賢治の描く山男は、経済的身体というものを持ちあわせていない。山男は自然がおりなすリズムに合わせた身体で呼吸をしている。生産活動をしない山男は、この文明社会では安定した場所を発見することは至難なことである。

山男は幼児性を豊かに持っている。

生産活動をしないという山男は、この文明社会において、幼児が一人前でないのと同じである。しかし、大人の手の届かぬところ、あるいは許されない世界に幼児は入ってゆける。神がそれを許しているのだ。神社内で大人が立ち入り禁止の場所にも幼児は入ってゆける。聖なる幼児、貴なる幼児は、大人にはない、独自の世界を持っている。

ムラ社会の維持、継続に大きな力を持っている長老が、幼児の言動に耳を傾け、頭を深々とさげている場面がある。神の子としての幼児の声を長老が拝聴しているのである。幼児が異常な力を発揮する例は多くあるが、中世における牛飼童子などはその一例である。これは牛車を引く牛を自由に扱う子どものことである。たとえその仕事をする者が大人であっても、その人の髪型は子どものままである。この職にある者が、なぜ髪型が童子でなければならぬかといえば、その髪型に象徴される幼児の存在が、神秘的な力を発揮することができるからである。幼児は神の子で、その威力を持ってすれば、どんなに獰猛な牛でも制御できるからである。山男も日頃はおとなしいが、時として猛烈な力を発揮することがある。

そして山男は遊びの名人である。

子どもが大人の労働にかかわらないように、山男は生産活動に従事しない。その生産活動というものに、価値を認めないのである。もちろん山男とて、生きんがために、獲物を探し、それを食す。しかし、それは生産活動と呼べるようなものではない。生存を可能にするための最小限度の活動である。

人間社会においては、この生産活動が文明の軸となる。山男はその文明の対極に存在し、対峙するかたちを常に維持している。生産活動に絶対的価値を認めようとする人間たちは、それぞれの欲望を放出しながら、競争社会を善と称し、他を蹴落しながら、打算的人生を満喫している。そういう文明社会に山男は耐えられない。

山男は遊びが好きだ。

好きというより、それが山男のすべてである。文明的社会生活の面から見れば、遊びというものは、道徳、倫理に反し、非人間的行為という烙印を押されることになる。

文明は未分化の世界を打破することからスタートし、遊びは未分化の状態そのもののなかに存在する。

多田道太郎は、こんなことをいっている。

「思うに文明とは、遊び気分にたいしたえざる拮抗関係にある。文明は混沌未分の状態に『目鼻をつける』ところに自分の使命を見いだす。自分と他人とを区別し、さらに、モノとモノとの間を区別する。遊び気分はもともとこうした区別の論理を知らない。」(『遊びと日本人』角川書店、昭和五十五年、八八頁)

遊びと生きるということが、渾然一体となっている山男は、生産力が唯一の価値となっている社会においては、なかなか生きづらいのである。山男は、平地人から見れば異界と呼べる山中を住処にし、そこで生命のすべてを発散させて生きている。それは遊戯の世界であり、欣喜の世界である。

しかし、山男もときには山を降り、平地人の世界を覗くこともある。縄文人の弥生人への接近である。別世界への突入によって、日頃天真爛漫にふるまっている山男も、このときは硬直化し、平地人に恐怖を抱き、血は逆流する。山男にすれば、平地人の世界、近代文明の世界は苦手なのである。山における音も色も臭いも規矩も、平地のものとは違う。両者には異質の尺度がある。豊葦原の瑞穂の国には、山男のものは、なに一つない。平地に山男が降りてゆくのは命がけである。

（三）父政次郎との確執

花巻の農民を対象に、富を蓄積していった宮沢家の長男として生れた賢治にとって、父親である政次郎とは、いったいどのような存在であったのか。

寒冷、凶作、搾取と闘いながら、苦しむ東北の貧しい農民を相手に、金貸しをする宮沢家を、賢治はどのような目で見ていたのか。

父政次郎は「父でありすぎる」ほどの慈愛を持って賢治を愛していたが、賢治にとって、質屋を営む父の存在は、憎悪の対象であり、敵愾心を燃やす相手であった。父の商売を徹頭徹尾批判し、宮沢家に生れたこと自体を後悔している。金持ちの「道楽息子」と呼ばれたり、「社会的被告」であったりすることは、彼にとって、大きな痛手だった。

父政次郎には、この賢治の苦悩は通じてはいない。それどころか、金銭的にめぐまれていて、ムラの名望家であることは、父の誇りであったのだ。

金持ちであることを、他人にひけらかす父に、賢治は憎悪と羞恥の念を抱いた。賢治が盛岡中学に入学（昭和四十二年）したときのことであるが、彼はこんな唄を作っている。


「父よ父よなどて舎監の前にしてかのとき銀の時計を捲きし」（『宮沢賢治全集』（3）、筑摩書房、昭和六十一年、一六頁）

父政次郎にしてみれば、自分も進学したかったこの盛岡中学（政次郎の父喜助は質屋に学問は要らぬということで許されなかった）への息子の入学は、ことのほかうれしく名誉なことであったのだ。舎監の前で、これみよがしに銀の時計を見せる父の姿は、息子賢治にとっては穴があれば入りたいほどの恥ずかしいことであった。

赤痢にかかり隔離病舎で入院の際の看病をしてくれ、進学も許してくれた父親は、賢治にとっては、ありがたい存在ではあるが、しかし、この銀の時計の件は、許しがたい行為であったのだ。

父政次郎は暴君ではないが、賢治にとってみれば、なにかにつけて、わずらわしい存在であった。篤信家であり、仁徳家であり、政治家で名望家である父親からの圧力は、賢治にしてみれば、目に見えぬ暴力であった。

世俗的成功や地位を否定する賢治であっても、父親のおかげで今の自分があると思うと、やりきれない思いにさせられる。彼は、もうすでに精神的には、死の道を歩んでいたのかもしれない。

経済的自立ということを勝敗の規準にするならば、この親子の勝負ははじめから明確である。父の勝利、息子の敗北である。

世間の常識からは、どうあがいても賢治は父政次郎に勝ち目はない。しかし、賢治にも勝てる道がある。それは一度父親が敷いた線路に乗り、途中で脱線して見せることである。

父が期待している息子の像に、一度近づいてみる、それに接近する。途中で自分には、その力量がないということを宣言し、その姿を父に見せるのである。

たとえば、父親の代役で、質店の店番をしているときのこと。賢治は質店に持ってくる人たちの物品の価値とは無関係に、金銭を出してやる。当然のことながら、父親は面白くない。面白くないどころか、こんなことでは家業はつぶれてしまうと激怒する。

佐藤隆房はこんなことをいっている。

「お金を借りに来る人が、つまらない価もないような品物を持って来ます。すると賢治さんは、たとえそれがちょっとも動かない時計であっても、それで借りたいと希望するだけの金を、父親に相談もせず、一存で貸してやります。『賢治、お前…値段もない物に値段以上貸してやったら家が潰れるより外はないだが、そんなことで先先はどうするつもりだす。』『そだって向こうはなんだって、それくらいほしいというだから。』万事がこの調子で、借り手の頼みとあれば、品物の値段以上にどんどん貸出してやります。」(『宮沢賢治』冨山房、昭和十七年、五八頁)

自分の無能ぶりをいかんなく発揮している。近隣の貧しい農民から金銭をまきあげる父親の商魂にたいする抵抗でもあった。

中村文昭も次のようにのべている。

「おのれの商才のなさ、無能ぶりを父にまるであてつけるように示す賢治の姿に、父へのネガテイヴな反抗がうかがえる。父に去勢された子供が唯一父に勝つには、父がつくった息子の像に一度はいることでそれを放棄することだ。去勢されたおのれをその原因者である父のまえでさらけだすことだ。いごこちの悪い存在感のただなかでその存在を無意味にすることだ。」（『宮沢賢治』冬樹社、昭和四十八年、四四頁）
宮沢家の仕事を見て育った賢治は、商業というものに、ある種の嫌悪感を抱いていた。

資本主義的構造矛盾とか、土地制度の矛盾がわからないではないが、賢治の商業批判は、農本主義者と変らないほど激情的である。

商業は農業を犠牲にして発達し、都市は農村を犠牲にして繁栄するといった単純な対立関係にも、彼の心はさわぐ。

父親の前で小さくなっている賢治は、商業行為の世界で、自分の無能力ぶりをいかんなく発揮した。つまり質種の価値を上回る金銭を貸してしまうという質店経営者としての失脚ぶりを父の前で演じたのである。

次に賢治の父政次郎にたいする抵抗としてあげられるのは、結婚拒否ということである。

彼は自分の欲望を押えこむことを思想的闘いとして生きたようなところがある。食生活においても、生命維持のためのギリギリのところまで欲を断っていた。

性に関しても、彼は異常なまでに禁欲的であった。賢治が生涯独身であったことは事実であるが、女性に無関心であったわけではない。

性に関する書物も多く読み、数々の春画にも関心を示し、猥談にも興じていた。性の欲情に圧倒され、彼はどれほどそれを静めるのに苦労したことか。性欲の発散は、あらゆるエネルギーの消耗以外のなにものでもないという。

羅須地人協会時代に、賢治は一人の女性にほれられた。高瀬露という小学校の教師をしていた女性である。彼女は羅須地人協会に出入りするようになり、食事の用意をしたり、オルガンを弾いたり、賢治のためになにくれとなく協力するようになる。

しかし、やがて賢治は彼女の接近を拒否するようになる。顔に炭を塗ったり、自分は病気もちだから近寄るな、とかいって追い返えそうとする。友人である保阪嘉内にたいし、あれほど赤ん坊のような甘え方をしても、彼女は許さないのだ。性を禁じ、結婚を拒否することによって、彼はなにものかと闘っているのである。

性を断ち、結婚を拒否するという賢治の精神の根源はどこからきているのか。そこには、やはり、父政次郎に代表される宮沢家にたいする反抗心があるように思えてならない。貧しい人々から絞り取るようにして金銭をためてゆく父政次郎の姿を賢治はひややかな眼で見ていたのである。しかも、その金銭によって飯を食っている自分がもっと腹だたしかった。

小沢俊郎はこんなことをいっている。

「本来自分に関わりのない筈の生れが、たまたま他の多くの人より名あり財ある家柄であったというだけで、恰も他の人よりも個人的に価値あるかのように尊重（尊敬ではなく）されており特権が与えられているということに気づいた時、恐らく主観的にその人の良心はうずくであろう。更に、つきつめて、その財産の差がどこから生れたかを考えてゆく時、何らかの形で父祖の為した不労所得蓄積の結果であることを知ったならば、彼は貧しい人々の前に或る種のひけ目を感ぜずにはいられないはずである。」（『宮沢賢治論集（1）——作家研究・童話研究』有精堂、昭和六十二年、三二頁）

父への反逆をやめ、彼の敷いてくれたレールに乗って、世間でいうところの親孝行をし、家を継承して、子孫を残すという道もあったかもしれないが、それは自分を放棄することであり、屈辱の道を選ぶことであった。可能なかぎりの抵抗をしたが、こうした消極的抵抗では、自分の感情の昂揚を押えきれないと考えた賢治は、積極的に父と対決する道を見つけようとする。それは宗教を手段にした攻撃であった。対等の勝負はこれ以上にないと思った。

大正十年の一月のことであるが、家を脱出しようとして迷っている賢治の背中に、棚から御書(日蓮上人遺文書)が落ちてきた。これが契機となって彼は上京を決意する。彼は日蓮主義を唱導する田中智学の国柱会を訪れる。賢治は法華経を選ぶことによって、父政次郎の浄土真宗を批判し、世俗的評価を獲得している父の地位や名誉を相対化しようとする。国柱会の「創始の宣言」の一部にはこうある。

「国柱会とは専ら国聖日蓮大士の解決唱導に基《もとづ》きて、日本建国の元意たる道義的世界統一の洪猷《こうゆう》を発揮して、一大正義の下に四海の帰一を早め用《もつ》て世界の最終光明、人類の究竟救済を実現するに努むるを以て主義と為し、之を研究し之を体現し、之を遂行するを以て事業となす。」(上田哲『宮沢賢治―その理想世界への道程』明治書院、昭和六〇年、七二頁)

この国柱会との出合いは、賢治にとっては一大事件であった。そのことはそれまで、家によって、父親によって拘束され、呪縛されていた自分を解放することであったのだ。賢治は、自分の生命を日蓮に、国柱会に、田中智学に捧げてもいいと決意する。田中智学は「社会開顕」ということに力点を置き、現実の社会生活のなかで、宗教意識が発揚されねばならぬという。国柱会そのものも、社会問題、労働問題などに関心を示し、労働者の団結を認めたりしているところは、他の右翼的宗教団体とは違う。この田中の社会的実践力というものが、賢治の羅須地人協会の社会的活動のなかにも生かされている。

賢治の熱意とは逆に、国柱会の側では、彼にたいしては、きわめて冷たい。両親との感情的対立から家出をしてきた青年くらいにしか受けとめてはくれなかった。そのことはともかくとして、宮沢家の浄土真宗にたいし、賢治は法華経を表面に押し出した。父親との対決手段であると同時に、自己確立の手段でもあった。「南無妙法蓮華経」を高唱しながら、町内を歩くという奇行ともとれるような挙にでることもあった。親類縁者の家の前では、ことのほか大声で、しかも時間をかけたという。

佐藤隆房は、この賢治の行動について次のようにのべている。

「だんだん近くなるとその声は、聞く人の身体がひきしまるような、悲壮とも思われる熱烈な信者の声なのです。帽子もかぶらず、かすりの着物にマントを着、合掌して過ぎて行きます。ある店の前を過ぎる時、店の人人は驚いた顔をして申しました。『あれは賢治さんだな。』『本当に賢治さんだ。』その時、ちょうどその店に来ていた賢治さんのお父さんは、その話を聞いてびっくりしました。『あの馬鹿が、あの馬鹿が』と言いながら急いで店前に出て来ましたが、その時は賢治さんは最早ずっと向こうの方へ行っておりました。」（前掲書、五九～六〇頁）

この奇行とも呼べる行動に、父政次郎は驚いた。そして大恥をかかされた。息子のこの行為は、父親にすれば痛恨の極みであった。父親を改宗することはできなかったが、賢治のこの行動は、父親を一撃するには十分であった。

次に父親への積極的抵抗、攻撃は、賢治の徴兵をめぐる問題である。

賢治は大正七年、盛岡高等農林学校を卒業することになるが、この年、徴兵検査という現実に直面している。この問題をめぐって、賢治と父親は激しく衝突することになる。

父政次郎は、長男である賢治には、宮沢家の後継者として、なんとしても残ってもらいたいと思うし、賢治は徴兵検査を受けるという。学生のための猶予特典を利用しようとする父親にたいし、賢治は自分の強い意志を貫こうとする。

この賢治の感情は、おりからのナショナリズムの昂揚に沿ったものというよりも、父親にたいする反感、反発の念が優先しているように思える。父親が嫌がることを、あえて発言し、行動するという気持が、彼の心中には充満していたのではないか。

父親の利己主義、特権意識、横暴さにたいし、鉄槌をくだすため、彼を驚愕させ、憤怒の念を湧出させるのだ。父親のたくらみを見抜き、賢治は父の要求、望みを拒否し、自分の信じる道を選択しようとする。

社会通念としてある、家を建て、結婚をして、子孫を残すという親の幸福感を彼は嫌っている。嫌っているというより、あえて父親の嫌がることを父の眼前で主張したいのだ。大正七年二月二日、父親宛に次のような手紙を送っている。

「暫く名も知らぬ炭焼きか漁師の中に働きながら静かに勉強致したく若し願正しければ更に東京なり更に遠くなりへも勉強しに参り得、或は更に国土を明るき世界とし印度に御経を送り奉ることも出来得べくと存じ候依て先づ暫く山中にても海辺にても乃至は市中にても小なる工場にても作り只専に働きたく又勉強致したくと存じ候孰れにせよ結局財を以てするにせよ身を以てするにせよ役に立ちて幾分の御恩を報じ候はば」（『宮沢賢治全集』（11）、筑摩書房、昭和四十三年、四一頁）

父親の神経を逆撫でするような発言を、次々と賢治は用意する。家の断絶を恐れての世俗的エゴイズムにたいし、痛棒をくらわしているかのようである。

徴兵検査の延期などを考えると、その瞬間から生活が、そして精神が弛緩し、すべてが放縦をきわめることになると賢治はいう。それは、そこに徴兵検査延期の動機に不純なものがあるからだと賢治は考えているのだ。

この父親との徴兵をめぐる論争のなかに、賢治の徴兵問題をこえた戦争、人の生死に関する思いが露呈している。

明らかに人為的なものである戦争も、そのなかでの殺人も、雪や雨や風と同様だという。大正七年二月二十三日の父親宛の手紙に賢治はこんなことを書いている。

「戦争とか病気とか学校も家も山も雪もみな均しき一心の現象に御座候その戦争に行きて人を殺すと云う事も殺す者も殺される者も皆等しく法性に御座候」（同上書、四四頁）

こういう賢治の見解にたいしては、酷評もある。彼は戦争讃美者であり、軍国主義者であり、ファシストだと。そういう酷評は、酷評として存在してもいいが、彼の深層心理には、それらを超えるものがあるように思える。

人の生死も極論すれば、運命だと考えている。近代主義者やヒューマニズム信奉者らは、驚愕し、人間蔑視の暴言だというかもしれない。彼らが大切に積み重ねてきたと思っている自我の確立や主体性、人間愛などにたいし、賢治はまるで報復でもしているかのようである。

確かに、賢治の言葉を表面的に受け入れてしまえば、彼はきわめて危険な人物だということになる。しかし、みせかけのヒューマニズムや民主主義が、どれほど残酷で非人間的行為を行ってきたかを知らねばならない。

人間の内面に食いこむことのないような平和や民主主義が、いかに脆弱で危険なものであるかを、人類は多くの体験を通して知っているはずである。

衝突を避け、流血を恐れ、自分を安全地帯に置きながら、もっともらしく、平和や民主主義を説く人々が、どれほどの人を救い、どれほどの差別を撤回させたか。

賢治が徴兵検査を受けようとする決意が、どうして軍国主義や戦争讃美者に直結するのか。また逆に、徴兵のがれのために、あれこれ策を練ることが、どうして平和につながるというのか。

（四）童話について

賢治は大正十年七月十三日、関徳弥への手紙にこう書いている。

「図書館に行って見ると毎日百人位の人が『小説の作り方』或いは『創作への道』といふやうな本を借りやうとしてゐます。なるほど書く丈なら小説ぐらゐ雑作ないものはありませんからな。うまく行けば島田清治郎氏のやうに七万円忽ちもうかる、天才の名はあがる、どうです、私がどんな顔をしてこの中で原稿を書いたり綴じたりし

てゐるとお思ひですか。どんな顔もして居りません。」（同上書、一九六頁）

小説など、いとも簡単に書けて、取るに足らずと豪語している。国柱会を訪れた際、国柱会の理事であった高知尾智耀の助言はいうまでもないが、鈴木三重吉の『赤い鳥』（大正七年創刊）を核とした大正期の児童文学振興の熱い風にも、刺激されたことは間違いなかろう。それに、賢治には小説では描くことのできない世界、つまり、彼の宇宙観、生命観、人生観などが混沌として存在していたと思われる。三重吉の『赤い鳥』は、それなりに、当時としては新しい波であり、それは各方面から期待されていたし、支援者も多かった。

谷崎潤一郎、島崎藤村、徳田秋声、泉鏡花、秋田雨雀、小川未明らが名をつらねていた。しかし、それは、つまるところ、近代ヒューマニズム、人間中心主義を超えるものではなかった。

賢治は本質的に、近代的人間像、近代そのものを支えているものに、深い疑いを持っていた。三重吉の『赤い鳥』に賢治の作品が受け入れられなかったのは当然というほかない。

梅原猛が賢治と三重吉の童話の質の違いを次のようにのべている。

「賢治の童話が当時の童話会の第一人者、鈴木三重吉のところへ持ち込まれたが、鈴木三重吉はどうにも賢治の童話を判断するのに困ったという話がある。…（略）…三重吉の童話はやはり近代人の世界観の上につくられているのである。そして近代人の読み物として少年少女用に彼は童話をこしらえたにすぎないのである。しかし、賢治は近代人の世界観の根底そのものに大きな疑問を投げかけるのである。」（『賢治の宇宙』佼成会出版社、昭和六〇年、一五～一六頁）

賢治の心中には童話を書いて、子どもにおもねるとか、文部省を気にしながら「良い子」を育てるといったことはなかった。

彼は童話の世界に入ることによって、近代化の嵐の前に、立ちはだかって、大自然の原初の魂を呼び戻そうとしたのである。

ヒューマニズムという言葉を使いながら、他の生物を犠牲にする文明を、賢治は根底から疑っている。原初の精神と等価なものを心中深く宿しながら、彼は搾取や征服のない世界に生き、猿や鹿の声を、また草や木のつぶやきを聞き取ったのである。彼の童話のなかでは、そういう世界で、生きとし生けるすべてのものが躍動している。

賢治が生涯ほとんど離れることのなかった東北の地には、縄文文化の鉱脈があった。彼はその風土的情念を生涯にわたって、心中に宿していた。

人は東北の地の貧困を揶揄したり、蔑視したりしながら、賢治の詩や童話はそれを基盤にして生れたという。そうではあるまい。貧困が賢治の作品を生んだのではない。それは精神の豊かさが生んだのである。稲作以前の縄文の豊かさである。そのことによって、賢治の精神は、今日多くの人が疑うことなく前提としているヨーロッパ文明を強烈に批判し、攻撃することができたのである。その意味で、賢治は現代文明に大きな恐怖を与える危険人物かもしれない。梅原猛は、賢治を「危険な文学者」だという。

「宮沢賢治は三島由紀夫が危険であると云う意味よりはるかに深い意味における危険な文学者なのである。…（略）…宮沢賢治の批判精神は現在地球上を支配しているヨーロッパ文明にたいする東洋的な慈悲の精神からの強烈な批判なのである。…（略）…賢治の危険さは、何千年にわたる人類の文明に疑問等をなげかけ、そしてその文明の根本的変革によって新しい慈悲の文明を地上に現出させせようとするものである。」（「宮

沢賢治と風刺精神」『宮沢賢治』〈現代詩読本〉思潮社、昭和五十八年、一六〇頁）

これまで築きあげてきた人類の文明に疑問を抱きながら、賢治は稲作以前の世界に傾斜していった。

他を蹴落し、排除し、抹殺することを賢治の作品は好まない。主人公は死を選び、しかも夭折する。世間のチリやホコリを身につける大人になる前に、つまり、未発達、未分化の状態のまま夭折するのである。

賢治が表現したかったのは、大人になりきらない世界であった。人は大人になることによって、次々と大切なものを喪失するが、それに気づくことはない。食うということを可能にする諸々の行為に賢治は執着しない。このことに執着していれば、彼の童話は生れてはいない。彼は非生産者として、非生活者として走りぬけた。かすかに残っている原初の声を賢治は伝えようとしたのである。

六　岡本太郎と縄文

縄文への熱い思いと一体化を希求した賢治との邂逅は、やがて私を岡本太郎へと誘ってくれた。

賢治と同様、岡本太郎も縄文に共振し、縄文土器にしびれるような感動をもらっている。稲作文化の世界で通用する尺度では、はかり知ることの不可能な縄文文化に彼は注目した。注目したというより、吸い込まれたのである。

周知の通り、岡本は若き日をパリで過ごした。昭和四年に両親（岡本一平、かの子）と共に渡欧し、昭和十五年までをパリで暮した。彼が学んだものは、絵画にとどまらず、哲学、社会学、人類学、心理学と多方面におよぶこととなった。このときの岡本は、ヨーロッパの近代的知の世界に、はまっていたといえる。

このパリでの知的勉学と縄文土器との出会いの間に、必然性を見る人もいる。つまり、近代的知に触れ、その限界を知り、知の世界に飽きた人たちが、非ヨーロッパの原初的世界に、関心を寄せたように、岡本もそうだったと。岡本の心中にそういうことがあったことは、それとして認めるとしても、私は岡本が縄文に行き着くのは、なによりもまして、彼の身体のなかに宿っていた本能が、また、直観があったからではないかと思っている。彼は縄文土器との出会いを偶然だと次のようにいっているが、私には会うべくして会ったように思われる。

「実は、この時、昭和二十六年だったが、上野の国立博物館で偶然の機会にぶつかるまで、私はこんなもの凄い美が日本文化の根底にあったとは、全然知らなかったのだ。芸術家の家庭に育ち、画家になるため美術学校にも入った。当然、美術史も学んだが、縄文土器などというものは一かけらも出て来なかった。縄文文化は美としてはまったく無視されていたからだ。私が発見したのも、博物館の、先史時代の棚の片隅に、石器などと一緒にただの発掘品として、味もそっけもなく、置かれていただけ。まったくの偶然の出会いだった。」（『宇宙を翔ぶ眼』〈岡本太郎の本5〉みすず書房、平成十二年、七頁）

考古学の世界だけで扱われていたこの縄文土器のなかに、美を認めるということは、それまでの美の基準が違わなければならぬはずである。岡本太郎はこの縄文土器のどんなところに驚き、美を発見したのであろうか。彼の驚きは次のように綴られている。

「荒々しい不協和音がうなりをたてるような形態、紋様、そのすさまじさに圧倒される。はげしく追いかぶさり、重なりあって、下降し、旋回する降線紋（粘土を紐のようにして土器の外がわにはりつけ、紋様をえがいたもの）。…（略）…いったい、これがわれわれの祖先によって作られたものなのだろうか？　これらはふつう考えられている、なごやかで繊細な日本の伝統とはまったくちがっています。むしろその反対物です。だから、じじつ、伝統主義者や趣味人たちにはあまり歓迎されなかった。」（岡本太郎『日本の伝統』みすず書房、平成十一年、二四〜二六頁）

岡本太郎は、これまで考古学の対象でしかなかった縄文土器に「美」を発見したのである。ただそれだけのことだが、そのことが「革命」だったのである。「これがわれわれの祖先によって作られたものだろうか」といって驚愕した岡本の心中には、いったいなにが潜んでいたのであろうか。

縄文土器に触れた岡本は、日本の従来の伝統芸術だといわれてきたものに、幻滅と激しい怒りを抱いたのである。

従来、金科玉条のごとくに認められてきた伝統芸術と称されたものと、縄文土器との間に彼は断絶を見たのである。彼はこのように発言している。

「たしかにそこには美の観念の断絶があるようです。一時は、これは現代日本人とは異なった人種によってつくられた、べつの系統の文化ではないか、と考える学者もあったくらいです。弥生《やよい》式土器や埴輪《はにわ》などには、現代に直結する、いわゆる日本的感覚がすなおに汲みとられます。だが縄文式はまるで異質で、ただちにわれわれと結びつけては考えられない。」（同上書、一二六頁）

現代人の美的観念とか、芸術的視点といったようなものからは、およそかけ離れたと思われるものが、この日本列島に残存していたということは、いかなる謂か。縄文土器の創造の背後に息づいている縄文人の息づかいを岡本は聞いているのであろう。いわゆるこれまでの日本の伝統文化とは異質の世界を覗いているのだ。

これは作家である島尾敏雄が、奄美大島で暮しているときに体感したものと似ている。彼は奄美の風俗、習慣が天皇制国家における人たちとは異質のものであることに気づいたのである。島尾はこういっている。

「奄美の生活の中で感じはじめた、本州や九州では味わえなかったものを私はいくつか体験し、それに或る酔いを感じた。ごくわずかなものを具体的にとり出していいえば、民謡の旋律や集団の踊りの身のこなし、会釈の仕方とことばの発声法等…の複合の生活のリズムのようなものが私を包みこみそして酔わした。でも、それは異国のそれではなく、本土ではもう見つけることは困難になってしまったとしても、遠くはなれた記憶の中でひとつに結びつくような感応をもっているとしか思えないものだ。本州や九州に於いて祭やアルコールのたぐいで意識を解放させたときにあらわれてくる、日常の日本とまるで似つかわしくない放散はいったい何だろう。」（「ヤポネシアの根っこ」島尾敏雄編『ヤポネシア序説』創樹社、昭和五十二年、八～九頁）

従来、日本列島で継承されてきたものとは異質の世界があることに、島尾は驚いたのである。農本的天皇制国家のなかで醸成されてきた日本文化の連続性を断ち切る視点を、島尾も岡本も持っていたのである。

このことは、縄文時代を「前史」として、日本の「正史」から切り捨ててきた日本の歴史を相対化することにつながる。

岡本がそのことを意識していたかどうかは別として、彼の縄文土器への志向は、農本的天皇制国家が形成してきた文化を相対化する道につながる。

縄文土器の神秘性、不思議さに注目した岡本は、次にこの土器の生れてくる土壌についてて追求したくなる。土壌は狩猟文明にあるという。稲作農耕文明とは決定的に違うものだとする。

彼は狩猟生活の偶然性にポイントを置く。想定された世界で展開されてゆく農耕生活にたいし、狩猟生活は次のような特徴を持っているという。

「狩猟期にあっては、糧《かて》はたたかいとらなければなりません。獲物《えもの》を追っかけて突きすすみ、仕とめる。躍進、闘争はその根本にある気分です。それはきわまりなく激しく、動的であり、ほとんどむごたらしいほど、積極的です。ところで猟はとうぜん、いつも望みのままの獲物がとれるとはかぎりません。おもしろいように大猟のときもあれば、獲物の影一つ見ないシケもありましょう。不猟はただちに飢を意味するし、生命の危機です。それと反対に、大猟は歓喜であり、祭りです。そこにたえず動揺と神秘がひそみます。」（岡本、前掲書、三〇頁）

あれこれと知恵をしぼっても、狩猟はいわば偶然で天からの授かり物である。それにたいして、農耕の場合、よほどの天変地異がないかぎり、年間の生活は想定内で保障されている。農耕社会としての安定、均衡といったものが哲学として生れる。

農耕社会は平面であるが、狩猟は平面だけではない。傾斜もあれば凸凹もある。また、空間というものもある。その世界では、眼力、聴力、臭覚、皮膚感覚など、肉体全体を通じての活動、反応が必要となる。

獲物に出会うかどうかは、まったくの偶然であり、運である。したがって、そこには神への祈りがあり、呪術が生れ、それに依存しながら捕獲を夢見ることになる。獲物がとれるかどうかは、神だけが知っているのだ。努力が必ずしも報いられるとはかぎらない。

農耕社会では、平面で予則可能な明日があり、一年がある。同じことの繰り返しによって、生きることができる。その社会で要求されるのは、人力を尽すということである。勤勉と忍耐が人間の義務となる。

狩猟の社会にあって、捕獲の対象物である人間以外の動物も、近代人が考えるような対象物ではなく、捕獲する人間も、される動物も一体なのである。捕獲される動物は神となる。熊や鹿は獲物であって、神である。その神である動物の肉を食べることによって、その霊が人の体内に宿る。

岡本は具体的に、縄文土器の型、紋様について言及している。まず降線紋についてこうのべている。

「縄文土器のもっとも大きな特徴である降線紋は、はげしく、するどく、縦横に奔放に躍動し、くりひろげられます。その線をたどってゆくと、もつれては解け、混沌に沈み、忽然《こつぜん》と現れ、あらゆるアクシデントをくぐりぬけて、無限に回帰しのがれてゆく。弥生式土器の紋様がおだやかな均衡の中におさまっているのにたいして、あきらかにこれは獲物を追い、闘争する民族のアヴァンチュールです。さらに、異様な衝撃を感じさせるのはその形態全体のとうてい信じることもできないアシンメトリー（左右不均斉）です。それは破調であり、ダイナミズムです。その表情はつねに限界を突きやぶって躍動します。」（同上書、三一頁）

縄文の狩猟生活においては、獲物の獲得は、つねに危険と交換条件である。孤独に耐えぬき、不安だらけの世界で自分の情念を燃やし続けるのだ。静穏な空気はなく、次々と繰りひろげられる激しい情動、狂気と乱舞、そして祈り、これは法則性、予定調和を逸脱した世界である。

これは農耕社会、そして近代の文明によって壊滅状態に追いやられている世界にたいして、人間の生命力をぶちまける作業である。

人間疎外の原点と岡本がいう稲作農耕社会の基準からすれば、この縄文土器の世界は、無鉄砲で、無軌道で、でたらめな世界ということになる。

躍動、闘い、神秘、不安、偶然、焦り、こういうものが狩猟の世界で生きる人間の姿である。そこには平面的落ちつきなどはない。

狩猟の瞬間に見せる人間の心理と行動は、調和とか均斉とかとは大きくかけ離れている。生命を賭した闘いは、そのような安定性をぶち破る力が必要なのだ。

岡本は、さらに縄文土器の空間性に大きな特徴を見ている。猟そのものが、きわめて、空間的なものであることを指摘して、彼はこういう。

「狩猟期に生きた人間の感覚は、きわめて空間的に構成されているはずです。獲物の気配を察知し、しかも的確にその位置を確かめ、つかむには、鋭敏な三次元的感覚がいるにちがいない。それにたよって生活した狩猟期の民族が、われわれの想像をはるかに越えた、するどい空間感覚をそなえていたことはとうぜんです。そういう生活なしには縄文土器のあのように的確、精緻な空間のとらえかたは考えられません。」（同上書、三三頁）

獲物のいる位置を瞬時にキャッチし、それに対応する鋭い感覚が必要となるが、それは三次元の世界である。しかし、この三次元的感覚では、岡本は満足していない。狩猟生活者の心理の根源は呪術だという。縄文の時代は宗教の時代である。呪術に依存しないでは生活全体が成立しない。人間の力をはるかに超えた巨大なものによって、自分たちは生かされているという謙虚な気持が縄文人にはある。近代人の発想をはるかに超えたものがある。捕獲した動物を家畜化するなどという行為は狩猟人たちのものではない。格闘はするが、両者は対等なのである。

岡本も呪術の世界に生きているのだ。対象化し、分子、原子に細分化して、のちにそれを総合するというような科学的方法では、縄文土器の美はわからない。彼にとって芸術は呪術なのである。彼は芸術家であるが、思想家でもある。それも切れば血の出る思想家だ。彼の縄文への志向を、日本回帰だと評する人もいれば、日本の古層文化に注目することによって、超近代を志向する思想家と呼ぶ人もいる。

日本文化の古層に照明を当てたとされるものに、柳田国男の民俗学があるとされている。彼の偉大な学問的業績にたいし、それを否定する者はいない。しかし、私は日本文化の古層ということに関していえば、柳田の民俗学に不満を持っている。

鶴見和子が、柳田の学問について、こんな発言をしている。柳田は、この日本列島に住む現代人の心のなかに、「原始人的なるもの」が残存していて、それをうまく利用すれば、近・現代人を超克することが可能となるし、日本の社会構造を改造、変革することができると思っていたのだと。「原始人的なるもの」を心中に宿しているのは、柳田のいう「常民」(=原始にちかい人―鶴見)であるとのことだ。

柳田が、確かに、これまでの歴史叙述が、英雄の伝記や政治的大事件の羅列にすぎなかったのにたいし、民衆の生活の足跡を探ろうとしたことは画期的なことであった。しかし、そのことが、近・現代人のなかに潜んでいる「原始人的なるもの」の発掘につながるものかといえば、少し疑問が残る。

鶴見のいうところの「われらのうちなる原始人」とは、どのような人間像をいうのであろうか。歴史の表舞台に登場し、脚光を浴びることもなく、屈辱的な日常を生きてきた民衆の世界に足を踏み入れようとした柳田の民俗学は、高く評価しなければなるまい。しかし、それが簡単には「うちなる原始人」には直結しないのではないか。鶴見の柳田評価について、次のような苦言を呈する人もいる。

「たとえば柳田の偉大さを『原型へさかのぼって社会と文化を考え、原初的心性が高度近代社会に根深く生きて、しかも社会にたいする、一種の賦活力をもつと論じる点』にあるなどという鶴見和子の評価（鶴見「国際比較における個別性と普遍性」「思想の科学」一九七一年十一月号）にたいして、私はかなりの違和感をもつ。すなわち原型とか原初的心性などというならば、後期旧石器時代はまだ無理としても、せめて縄文にまでさかのぼってほしいと思うからである。鶴見のいう現代にたいする『賦活力』なら、弥生でなく縄文こそ、ふさわしいのだ。」（佐治芳彦『謎の縄文列島』徳間書店、昭和六十四年、一六七頁）

いうまでもなく、柳田の民俗学は、山人研究でスタートした。『後狩詞記』、『遠野物語』、『山人外伝資料』など、山人たちの世界、山の神秘を描こうとしたものである。

稲を携えて後からやってきた人たちに追いやられた先住民の子孫に、柳田は限りない同情、憐憫の情を寄せている。それどころか、柳田自身が、異常に山が好きで、平地人に出会っただけで、恐怖を感じることなどを考えると、自分も山人の子孫ではないかとさえ思う。

このスタート地点に立った柳田の気持ちを拡大してゆけば、彼は農耕社会にたいして、厳しい闘いを挑んでいるかのような印象を与える。そして、この研究を探化、拡大してゆけば、日本列島の文化の古層に到達したかもしれない。しかし、この研究は頓挫する。頓挫した理由は、あれこれいわれているが、最大のポイントは、天皇制国家とのかかわりであったと私は思う。この研究を続投すれば、やがて、稲作を中心とした文化の上に形成されている農本的天皇制国家の心髄をぐらつかせ、その体制を相対化する恐れがあると、柳田は自覚したと思う。柳田は縄文を捨てたのである。いいかえれば、日本の古層文化を捨てたのだ。したがって、常民の文化によって、日本の古層文化を探ることは限界があるということになる。鶴見和子の次の説には無理があるということをいっておきたい。

「柳田学は、わたしたち自身のうちに、原始・未開人を発掘した。そして、われらのうちなる原始・未開人をテコとして、近代人をのりこえる手がかりを示した。同様に、わたしたちが属する集団の社会構造のなかに脈々として存在する原始・未開の層を掘りあて、その構造を明らかにすることをとおして、近代の表層をつくりかえる方途を示唆した。わたしはこのことが、柳田学のもっとも大切な今日的意味だと考える。」(『漂泊と定住と』筑摩書房、平成五年、一四頁)

膨大な柳田の業績を否定するつもりなどさらさらないが、その偉大な学問は、農本的天皇制国家形成にとって、それを支えるものとしての古層、原点を、稲作文化のなかに探るという方向でのものであったということである。

岡本太郎の場合は違う。彼は縄文と稲作の間に断絶を見ている。縄文人と弥生人との違いは土器を見ればわかるという。

縄文への照射とその位置づけは、これまで弥生以降のみを日本歴史として語られてきた日本文化史上における革命とも呼べるようなものである。ここに注目している岡本の視点は、柳田の目線、体質とは一味違う。

民俗学の重要な役割の一つとして、非国家、前国家のなかに生きる民衆の日常性を正確にキャッチし、日本人、日本文化のありようを、足の裏から覗こうとする視点でなければならぬと私は思う。しかし、多くの場合、民衆の実生活、心情への照射、発掘といいながらも、その浅い表皮だけをあつかい、拡大し、偽造にちかい日本人像、日本文化像形成に協力し、常民の学だと豪語している。

縄文土器のなかに縄文人の魂を発見した岡本は、それまでの農耕社会の枠組みを破壊したのである。迷妄、呪術、祈り、不安定、不均衡といったものを、人間生活の前面に押し出し、安定、均衡、進歩、合理といったものを絶対視する世界からの脱却を試みたのである。農耕社会で生れた諸々の基準にたいし、岡本は根源的な懐疑を持っている。安定した社会が嫌いなのである。農耕社会で生れた諸々のものが岡本の体質には合わないのかもしれない。

「農耕文化というのが、どうも私の性にあわない。そんな気がしていた。あの平たさ。たとえば縄文土器の、激しい積極性、不気味なまでの空間性には、自分のうちに同質の血がビリビリたぎるのを感じるのに、弥生式以後の、農耕社会を土台にした形式は奇妙にすましている。…（略）…農耕社会は蓄積を前提とする。種をまき、収穫を待って、じっくり貯めている。その計画性は生命の保全の条件だ。投資信託みたいに、じいっとさからわないで待っていれば、財産がふえるだろうという――これは、ちょっと言いすぎかもしれないが、ああいうのは何か、私にはピンとこないのだ。そういう根性こそが人間を堕落させたのではないか。」（『神秘日本』中央公論社、昭和三十九年、一〇一頁）

こういう農耕社会は、岡本にしてみれば、堕落があるだけということになる。生命力の爆発もなければ、偶然に賭ける気力もない。人間の本来持っている力を抑圧することをもって文化としてしまうというのである。

農本的天皇制国家のなかで、これを支える忠良なる人間の育成が課題となり、労働が強要され、労働のみが美徳とされ、唯一の価値となった。苦悩のなかでの自虐的生き方が、神聖な人間の姿として描かれた。

明治以降になっても、ヨーロッパ列強に較べ、日本の資本主義は遅れてスタートしたため、一日もはやくヨーロッパ列強と比肩しようとして低賃金、長時間労働という過酷な条件が、労働者に課された。

このように、強制的に固定化された生活内容に較べ、狩猟生活は、不安定、緊張感のなかではあるが、他の動物たちとの血の交歓があり、ロマンチシズムがあると、岡本は次のようにいう。

「動物と闘い、その肉を食み、人間自体が動物で、食うか食われるか、互いにイノチとイノチの間をきりぬけ、常に生命の緊張を持続させながら生きて行く。このいのちの交歓の中に、動物と人間という区別、仕切りはなかった。あの残酷なロマンティスム。動物だけではない。自然のすべて、雨も風も、海も樹木も、あらゆるものと全体なのである。縄文土器の戦慄的な魅力もそこにある。実体と空との区別をしない空間の捉え方。えぐられ、いだかれた空間自体が、まさに実体の重みをもっている。うらやましい世界観だ。私はこの方に猛烈な共感をおぼえる。」（同上書、一〇三頁）

平面で安定していて、忍耐さえ積めば、苦労さえすれば、なんとか生きれるという空気に岡本の精神はなじまない。

平面で安定したものの上に成立した伝統的文化とか、伝統的美意識というものが、これまで高尚なものとして肯定的意味で使われてきたが、岡本はこのようなものにたいし、いかなる立場に立っているのか。

近代主義者たちが軽々に、伝統というものに依存し、ペダンテイックに、そして権威ありげに使用してきていることにたいし、岡本は強烈な怒りを抱いている。彼らは自分たちの力量のなさを伝統という権威を借りてそれを補っているのだという。

法隆寺、唐招提寺や仏像、仏画、仏具といって、日本の伝統美と称しているが、これらはもとをただせば、外来文化の輸入、模倣にすぎず、近代以降になって、あまりにも西欧文化が偏重されたため、それにたいし、アジアの文化を対抗的にもちだしただけだと岡本はいう。それらは、われわれの血のなかから、あるいは日本の土のなかから湧出してきたものではない。にもかかわらず、それらを伝統主義者と称する者たちが伝統と呼んでしまうのだという。

いわゆる伝統主義者ほど、伝統というものを、ないがしろにしている者はいないと岡本はいう。伝統主義者たちが、勝手につくりあげた伝統のなかで、いかほどのものが、自分自身の生活感動のなかから湧出してきているであろうか。

伝統と伝統主義を峻別し、伝統主義の誤りを指摘した人は岡本一人ではない。哲学者三木清も昭和十六年に次のようにのべている。

「伝統は我々の行為によって伝統となるのであり、従って伝統も我々の作るものであるということができる。創造なしに伝統なく、伝統そのものが一つの創造に属している。…（略）…いわゆる伝統主義者は伝統が現在の立場から行為的に作られるものであることを忘れ、かくて遺物を伝統の如く或いは伝統を遺物の如く考えるという誤謬に屡々陥っている。」（『哲学ノート』中央公論社、平成二十二年、二七〜二八頁）

昭和二十五年に法隆寺金堂が火災に見舞われ、壁画が焼失した。岡本は冷やかに、焼けてしまったものは仕方がない、嘆いても仕方がないと平然という。

「失われたものが大きいなら、ならばこそ、それを十分に穴埋めすることはもちろん、その悔いと空虚を逆の力に作用させて、それよりももっとすぐれたものを作る。そう決意すればなんでもない。そしてそれを伝統におしあげたらよいのです。」（岡本、『日本の伝統』、八頁）

形骸化した伝統などは破壊され、霧散して、日常の感情を受容すればいいという、この大胆な岡本の発言に、きわめてちかい無頼派と呼ばれた人、坂口安吾がいる。彼も岡本と同様、法隆寺など、なくてもかまわぬという。ブルーノ・タウトが惜しみなく賛辞を与えた桂離宮なども不必要だと痛烈な攻撃をしている。

人間にとって必要なものは、毎日の便利な生活必需品であって、寺や仏像ではないと、こういう。

「伝統の美だの日本本来の姿などというものよりも、より便利な生活が必要なのである。京都の寺や奈良の仏像が全滅しても困らないが、電車が動かなくては困るのだ。我々に大切なのは『生活の必要』だけで、古代文化が全滅しても、生活は亡びず、生活自体が亡びない限り、我々の独自性は健康なのである。」（「日本文化私観」『坂口安吾全集（14）』筑摩書房、平成二年、三五六頁）

これまでの日本文化の伝統の評価基準を、安吾は切り捨てて、現実の生活に拠点を置く。日本の伝統主義者が聞けばおそらく驚きのあまり卒倒するであろうようなものに、坂口は美を認める。例えば彼は次の三つをあげている。「小菅刑務所の建物」、「ドライアイスの工場」、「軍艦」がそれである。これらが何故美しいのか、安吾は次のようにこたえている。

「この三つのものが、なぜ、かくも美しいか。ここには、美しくするために加工した美しさが、一切ない。美というものの立場から附加えた一本の柱も鋼鉄もなく、美しくないという理由によって取去った一本の柱も鋼鉄もない。ただ必要なもののみが、必要な場所に置かれた。そうして、不要なる物はすべて除かれ、必要のみが要求する独自の形が出来上っているのである。……（略）……必要によって柱は遠慮なく歪《ゆが》められ、鋼鉄はデコボコに張りめぐらされ、レールは突然頭上から飛出してくる。」（同上書、三八二頁）

終始一貫、必要を説く安吾は、日本の伝統主義に謙虚な反省を求めているが、その根底にある思いは、従来の伝統的美意識の否定を主張する岡本のそれと符合する。

話を岡本に戻すが、彼は従来の伝統主義者がとりつかれている枠から脱出するには、素人の眼が必要だという。

玄人だとか、プロだとかという人たちには、縄文の精神が抜け落ちているという。彼らには、様々なプライドが優先し、透明度が低く、本物を素直に見抜く力量がないというのである。岡本はこういう。

「素人こそほんとうの批評眼を持っているはずです。玄人はいろんなことを知っています。約束ごと、イワク因縁、故事来歴。そんなものを知っていればいるほど、彼らはそれにひっかかり、本質にふれなくなる。つまり彼らは鑑定家《エキスパート》であるにすぎないのです。名所旧跡の立札係にはけっこうですが、そのまま芸術の領域にまで立ちいられたのではかなわない。…（略）…直接な素人の目が、いつでも新しい現在的な芸術として伝統を今日に生きかえらせる根本条件です。」（岡本、前掲書、一二一頁）

素人の眼というものは、幼児の眼であってもいいし、縄文人、原始人の眼であってもいい。とにかく世間の塵芥にまみれていない濁らぬ瞳のことを岡本はいっているのだ。科学技術によって、自然界を対象化し、支配してゆくという眼ではない。そうではなく、前論理的、非論理的なものに重きを置く呪術の世界への投身である。

近代的思考で覆いつくされている世界では、呪術が主役になることはない。呪術的なるものが主役になるのは、近代的思考の未熟さからくるものであって、それはファシズムや超国家主義を生み出す源泉であるとしてかたずけられる。

自他の分離、自分が他を対象化することによってはじまる近代的思考は、人間が他の生物を圧迫し、支配してゆくもので、人間に益するものだけに価値を与え、強者が弱者を支配することにつながってゆく。この過程で、何度もこの抑圧から逃れようとした呪術的なるものは、そのたびに無気味なもの、邪悪なものとしてつぶされていった。

岡本はこの呪術をもって、近代を撃ち、これまでの芸術を撃ったのである。この呪術こそが人間と人間をとりまくすべての関係を根源的に結びつけるもので、そこにおける呪術的祈りこそが、縄文土器の姿、かたちを表現することになっていると岡本はいう。

七鬼への接近

日本の思想史上、鬼とはどのような存在として位置づけられているのか。この検討が避けられないものとして私の内面に登場してきたのである。

農本的天皇制国家を支えてきた文化の発掘をしても、鬼の実体にせまることはできない。この国の裏側に、あるいは底の底、また側面にへばりついた闇の領域の歴史の発掘が必要となる。この闇の領域を覗くためには、農本国家で通用している常識、倫理、道徳といったものを脱した世界を見ることになる。その国家で通用している眼鏡を異ったものに変えなければならないことも生じてくる。

餓死寸前に追いやられた人間が、自分の肉体をなんとしても維持したいと必死になるとき、そこに世間の常識による罪悪感などといったもののつけいる隙などありはしない。世間で通用している倫理や道徳といったものなど、ただ邪魔になるだけだ。

世間からも国家からも見離された道を、ひたすら歩むのが鬼である。彼らは意図して鬼になっているのではない。世間や国家から相手にされず、捨てられ、生きぬくために、細く暗い道を歩むしかないのである。

ある狂気を含む情念のなかで生きている鬼たちは、ヒューマニズムも、進歩も、革命もない。権力によって飼いならされている人間たちとは無縁のところに、鬼の日常はある。

従来から鬼の定義をめぐっては、いろいろな角度からの接近がある。時代により、社会により、宗教によって、鬼はそれぞれ異った顔を見せる。

死んだ人の霊だということもあれば、超人間的な自然の驚異、神秘力そのものを鬼と呼ぶ場合もある。また、国家によって排除され、棄民にされた人、落伍者、漂泊者などをそう呼ぶ場合もある。

それにしても、誰が、何のために、人の血を吸い、人肉を食むような凶暴な鬼を創作したのか。

瑞穂の国、農本的天皇制国家にとって、なぜ、鬼が必要だったのか。この国家を支えているものは、いうまでもなく、水田稲作を中心とするムラである。この天皇の国の表舞台は、草や木一本にいたるまで大君のもので、鬼のものなど、なに一つないとの厳命がくだっているのだ。しかし、時と場合によっては、鬼の住む空間を、裏舞台として用意しておくことも権力は忘れない。

そこに閉じ込めておいて、内部の人間の欲求不満解消のためなどに利用する。抑圧し、虐待しながら体制を維持する。

原則としては、国家権力というものは、国家の方向に逆らう者にたいしては、それを逆賊と称し、徹底的に抑圧する。その抑圧にかげりが見えたとき、夜の世界、裏の世界が必要となり、鬼はそのために存在を許されることになるのだ。

水田稲作の生活圏を昼の世界とするならば、鬼の暗躍する世界は夜である。鬼は朝がくるのを嫌う。一番鶏が鳴いたら鬼は退散する。社会秩序が乱れ、不安定な世の中でこそ鬼は活躍できるのである。日本の歴史の上でいえば、中世が鬼の活躍できた時代で、近世になると鬼は次第に弱体化してゆく。馬場あき子が鬼に同情し、次のようにのべたのは当然のことであった。

「現代に〈鬼〉は作用しうるか。近世にいたって鬼は滅びた。苛酷な封建幕藩体制は、鬼の出現をさえ許さなかったのである。そこでは、鬼は放逐される運命を負うことによってのみ農耕行事の祭りに生き、折伏され、誅殺されることによってのみ舞台芸術の世界に存在が許された。祭りや、歌舞の形式の中に埋もれつつ、その本来的エネルギーも圧殺寸前の状態となっている現在、最後の叫びを上げているような〈鬼〉のすがたに、私は限りない畏れを覚える。それとともに、機械化の激流の中で、衰弱してゆくほかない反逆の魂の危機を感ずる。」（『鬼の研究』三一書房、昭和四十六年、一〇頁）

乱世、混世、不安のなかでしか生存の意味を持つことのない鬼は、世の中の安定とともに消えてゆく。

鬼は本来、他からの同情や慰めなど、いささかももらってはならず、期待してもならない。消滅、敗北の詩《うた》をうたいながら、見世物になって農本国家を喜ばせてはならない。彼らは漂泊者であり、異端者である。常識的日常のなかで、ぬくぬくと生きている人間どもとは決然と袂をわかち、過酷な自己統制のなかに、自分を没入させねばならないのである。

（一）鉄生産と鬼

鬼と呼ばれた一例として、鉄生産者がいる。人里を離れ、山の奥に生活圏を持っていた鉄生産者の姿である。

鉄とその鉄生産の技術を欲し、その収奪を正当化するために、権力者は彼らを鬼と呼び、彼らの集団を鬼が島と称した。王権の確立、維持のために、鉄の収奪が不可欠であり、鉄を制することは、国を制することにつながった。

鉄を生産する際に流れ出る鉱毒は、その土地の稲作民をも苦しめた。そのことを利用して王権は農民たちを味方につけ、鬼退治を決行するのである。

国家の平安のためという美名のもとに、いたるところで、鉄の収奪が行われたにちがいない。鬼に関する伝説の残存している地域と鉱山の跡地との関連を丹念に調査した一人として若尾五男という人がいる。

若尾には、『鬼伝説の研究』とか、『金属・鬼・人権その他』という著書があるが、東北、関東、中部、近畿、中国、四国、九州と、それぞれの地域に存在する鉱山と鬼伝説の関係を執拗に追求している。

鉄の略奪が、全国の各地で行われたことがわかってくるが、さまざまな理由をつけられて結局は鉄生産者は敗北を喫することになる。闘いの武器としても、農耕の道具としても、鉄は最高のもので、不可欠のものであった。

鉄が欲しい、鉄生産の技術が欲しいと思うのが、権力保持者にとっての念願であった。深い山中を生活の場としていた鉄生産者たちの日常生活の様式は、おそらく稲作民たちから見れば、異様なものであったにちがいない。真赤に燃える山中で、裸同然の姿で鉄生産に従事する人たちが鬼に見えても不思議はない。

地獄に登場する主役の鬼と、鉄生産にたずさわる人たちの姿に、共通性を見る人もいる。倉本四郎は次のような主張をしている。

「地獄と、その主役たる鬼のイメージが形成される過程で、鉱山＝タタラ場と、そこで働く山の人＝金工師の姿が、大きな影響を与えたのは、たぶん疑いないことだ。ぼくらはそのしるしを、鬼たちが使う責め道具に見ることができる。『鬼に鉄棒《かなぼう》』というのは、いろはカルタでおなじみの札である。『北野天神縁起絵巻』でも、フンドシ姿の鬼たちが、いたるところで鉄棒をふりあげ、罪人を追いまわし打ち砕いている。その鉄棒にしてからが、鉱山ぬきでは語れない。…（略）…じっさいに、金工師がこんな形の道具を使っていたのかどうか、ぼくは知らない。しかし、タタラ場では、炉から出た鉄のかたまりを、一種のハンマーでこぶし大に打ち砕き、種々の鋼《はがね》を選別したというから、鉄棒がハンマーをあらわしている可能性はある。…（略）…舌や目玉を抜く鉄火箸《ひばし》＝ヤットコは、はっきり金工・鍛冶の道具である。叫喚地獄には、これでこじあけた罪人の口に、むりやりに壺《つぼ》に入れた液体を流しこんでいる獄卒がいる。」（『鬼の宇宙誌』講談社、平成三年、五四頁）

鉄がなければ鬼ではないといわれるほど、鉄と鬼のつながりは強い。鉄生産の技術と、鉄そのものの所有によって、鬼は権力に抗する資格と実力を持つことになる。権力はその鉄を奪おうと血道をあげる。鬼は奪われまいと死守する。激しい闘いがあり、結局は鬼が敗北し、鬼征伐の物語がつくられてゆく。

（二）童子と鬼

酒呑童子をはじめとして、茨木童子、星熊童子、熊童子など、多くの鬼が童子と呼ばれる。世の中を震撼させるほど凶暴で、恐ろしい鬼であっても、子どもの名前になっているのはなぜか。

なんといっても、童子の特徴は、その髪の型にある。酒呑童子に登場してもらおう。

「その後《のち》なまぐさき風吹きて、雷電稲妻《らいでんいなづま》しきりにして、前後を忘《ぼう》ずる其中《そのなか》に、色薄赤くせい高く、髪は禿《かぶろ》におし乱し、大格子《おほがうし》の織物に、紅《くれなゐ》の袴《はかま》を着て、鉄杖《てつぢやう》を杖《つゑ》につき、辺《あたり》をにらんで立つたりしは、身の毛もよだつばかりなり。」（市古貞次校注『御伽草子』（下）岩波書店、昭和六十一年、二〇〇頁）

ここに登場する酒呑童子の禿姿とは、いかなるものか。いうまでもなく、禿とは髪を結いあげることなく、肩のあたりまでの長さで切っている頭髪のことである。禿姿であることは、子どもでもあることの証明である。

外国のことは知らないが、日本では、髪というものは、単に頭髪のことを意味するだけではなく、「神」や「上」に通じ、高貴にして、神聖なものを意味することがある。

高崎正秀はこのことについてこんなことをいっている。

「わらはは髪の形であって、其の年令に関係しないことは、八瀬の童子を親しく見た人々には、納得がゆく筈である。半僧半俗の毛坊主――此の童姿こそ、神の奴《ヤツコ》なる神人《ジンニン》としての標識であったのだ。古代には髪の毛を神聖視し、これを生命の拠り所と考へる風があった。これも世界的拡布を有する思想であるが、我が国語の髪《カミ》は、やはり神《カミ》・上《カミ》と同源に発する神聖感を持った言葉であったのだ。これをわらはに切ったのが、子供の本格の姿である処から、わらはと云へば童の字を訓むことになって了ったのであらう。」（『金太郎誕生譚』桜風社、昭和四十六年、二九〜三〇頁）

次に童子の特徴として、異常生誕ということがあげられる。母親の体内に異常に長くいる。酒呑童子の場合など、十六カ月も母親の体内にいたといわれている。そして、生れ落ちるや否や、童子はよく歩く、そして、喋る。歯は上下ともに揃っている。頭髪は黒々として、すでに肩のあたりまである。

奇妙な生誕であるが、親はしばらくの間は愛情をかけて育てる。しかし、やがて超人的パワー、異常な言動に恐怖を抱き、わが子を捨てる。つまり、「捨て童子」である。ムラのなかにあっては、あらゆる領域で、均質化、平均化がもとめられる。したがって、知恵がありすぎても、器量が良すぎても、行動が超人的であったりすることなどは許されない。ムラの平均値より逸脱し、ぬきんでるものは、異邦人として、恐怖の対象とされる。

酒呑童子も茨木童子も生誕直後、よく歩き、喋り、人並みはずれた腕力を持っていた。

この異常生誕というものは、鬼の独占物ではない。酒呑童子の討伐のために源頼光らと共に大江山に赴いた坂田金時（公時）なども、異常な生れ方をしている。

獰猛な鬼を倒すには、倒す側に鬼の力を凌駕するものがなくてはならぬ。人知、人力をはるかに超えたもの、つまり、自然の暴力に匹敵するものが要る。坂田金時の持っている鉞《まさかり》は、雷神そのもので、生の巨木を真二つに引き裂く威力を持っている。この落雷は金時の鉞なのである。この金時の出生は、山姥と赤龍（雷）との交接による。

ところで、童子には二つの意味がある。

まず、禿姿に象徴されているように、童子は大人ではないということである。大人ではないということは、働く人たちの仲間ではないということである。生産活動が絶対的価値を与えられている社会にあっては、子どもは一人前でないということになる。生産活動の主たるものが、稲作にある農耕社会で童子はその仕事に従事しないのである。そこから、童子は非農耕的性格を持つことになる。

奇妙というか、不思議な話であるが、天皇制は、自分の体内に、童子をかかえこむことがある。年齢を重ねても、少年の姿で日常を保たねばならぬ天皇の子とは、いったいいかなる存在か。

益田勝実は、醍醐天皇の三十九番目の皇子のことに触れている。彼は、『本朝皇胤紹運録』のなかに、「嵯峨の隠居」が、元服という人生の通過儀礼を、断固拒否していることに衝激を受けたという。

益田は次のようにのべている。

「人間の人生における抵抗の手段として、百人が百人経験するはずの通過儀礼を拒否するということは、結婚式の拒否というような形ではありうるが、まだ少年期の人間が成年式を拒否し、大人になることを拒むということは驚くべきことで、人生に対する徹底した否定ともいえる。」(『火山列島の思想』筑摩書房、平成五年、一七九頁)

どのような事情があったにせよ、元服という通過儀礼を拒否するということの重大さは、はかりしれないものがあるであろう。しかし、それをあえて許しているということは、いかなる謂か。

童子のまま、白髪の年齢を迎えるということには、いかなる意味があるのか。常識的人生の一つの節目を峻拒するには、それ相応の理由があるはずである。これは偶然か、それとも天皇制が持っている体質の一つなのか。

天皇制というものはその体制を長く維持、継続してゆくために、いろいろな知恵をしぼってきた。

皇子の元服拒否というような事実が、明るみに出れば、それは一大事である。にもかかわらず、そういう領域が設けられているということは、その非日常的、反倫理的行為による悲劇の主人公の形成が、その制度存続にとって有利であるとの確信があってのことであろう。王権の長期維持のためには、その王権自体のなかに、逸脱した世界、反倫理的世界が用意されている必要があるのだ。王権が不利になるような要素を常に用意しているのである。

益田は、「嵯峨の隠居」の件について、こういっている。

「古代天皇制は、被支配者の側においてばかりでなく、天皇の子どもたちの中に〈よけいもの〉を派生させる構造・性格を有していたのであった。そして、とりわけ、わたしが『嵯峨の隠居』すなわち『童子』皇子によって衝撃を受けるのは、その成人儀礼の拒否ということである。」（同上書、一七七頁）

童子の持っているいま一つの特徴について言及しておこう。

子どもという存在は、生産活動を中心とする大人社会にあっては、一人前ではないのである。しかし、その大人社会にあって、非存在的である子どもには、ある局面で大人には許されない世界が許されている。神事が執り行われるような場において、子どもには自由な振舞いが許されている。それは子どものなかに宿る純粋無垢な神聖さのしからしめるところである。

次々と世間の常識という塵埃を身につけながら、時間を蓄積してゆくことが大人になるということである。生活者として認められない子どもは、聖なるもの、貴なるものを身にまといながら、大人がまき起こす嵐から身を守っているのだ。大人の眼には映らぬ世界で、嬉々として生きるところに、子ども固有の世界がある。

日本におけるムラの秩序の根幹として、経験主義があげられる。長い経験に含まれるムラの雰囲気の熟知ということは、ムラのリーダーとしての第一条件である。これを長老主義と呼んでもいい。

このムラのリーダーが、子どもの若々しく、純粋な言動に耳を傾け、頭を深々と下げることがある。神にちかい子どもの声を聞いているのだ。

中世の社会において、牛飼童と呼ばれる人たちがいた。牛車を引っぱる牛を自由に操ることのできる職業人のことである。彼らは大人であっても、童子の髪型をしていた。世俗を脱却し、自由に飛翔し、神的力を発揮するところから、獰猛な牛を静かにさせる力があるとされた。

網野善彦は、牛飼が童子であったことについてこうのべている。

「なぜ牛飼は童形でなくてはならなかったのか。これはたやすく解決し難い問題であるが、いま一、二の思いつきをのべれば、当時の牛車を引いた牛が、今日われわれが馬にくらべて穏やかな動物と考えているのとは違い獰猛で巨大な動物とみられていたと推定される点は、恐らくこのことと無関係ではあるまい。…（略）…こうした獰猛な動物を統御する上で、童の持つ呪的な力が期待されたとも考えられるのではなかろうか。（『異形の主権』平凡社、昭和六十一年、四九〜五〇頁）

生産社会という大人社会からすれば、軽視の対象でしかない童子であるが、その童子が猛牛に負けないパワーを持っているのである。物理的力を超えた神がかり的なものを童子が持っているということである。

次に童子と呼ばれ、みずから鬼の子孫であることを誇りに思って生きた八瀬童子について少し言及しておきたい。彼らは、酒呑童子のような空想の世界に生きる存在ではなく、実在し、しかも、天皇制国家から排除されるどころか、その庇護、支持を受け、そのことへの謝意の具体的表現として、八瀬童子たちの特殊な奉仕活動をしてきた。八瀬童子とは、個人の名称ではなく、八瀬地方に住む人たちの呼称である。八瀬は、京都の洛北、左京区にある。その他の住民は、山林に依存した生活が主である。黒木作り(炭焼)の副産物として、その余熱を利用したカマ風呂があった。八瀬童子が、「童子」であることの意味を田辺美和子は、こうのべている。

「八瀬童子の職業の特徴的なものは、貴人の駕輿丁と貴人の側で雑役を務めることである。無位無官の身にもかかわらず、貴人の側近で奉仕するためには、世俗を超越した存在であり自由に高貴の人の側にも近づき得た子供の性格が必要であった、と私は考える。」(「中世の『童子』について」『年報・中世史研究』九号、昭和五十九年、一一一頁)

八瀬童子は天皇制とのつながりが強い。特に注目して語られてきたのは、後醍醐天皇とのかかわりである。天皇が京都より比叡山に逃げる際、八瀬童子が天皇の輿をかついで、護衛したと伝えられている。このことにより、八瀬には特権が与えられたという。

宇野日出生は八瀬の特権について、次のようにのべている。

「この功績によって、後醍醐天皇から国名《くにな》が授けられた。国名は現在、屋号の一部のように使われているが、今も八瀬童子たちの誇りとして伝えられている。さらに重要なことがあった。従来より八瀬童子は、領主から雑役免除の待遇を受けていたが、今度は後醍醐天皇から諸役免除の特権が与えられたのだった。…（略）…また江戸時代中期からは年貢諸役一切の免除という特区としての扱いを受ける地域となった。この特権はなおも続いた。明治時代以降も実質租税免除の特別待遇の村となって、それはなんと終戦まで続いたのだった。」（『八瀬童子―歴史と文化』思文閣出版、平成十九年、八〜九頁）

ムラで農耕だけに従事する一般の人たちの目には、八瀬の人たちの風俗、習慣は異様なものに見えたのである。羨望や尊敬の念もあれば、恐怖や蔑視の思いもあった。多くの人が指摘しているように、八瀬童子の生活の拠点は山村にあり、しかも、特別な奉仕活動から、一般のムラ人とは異なる生活模様を呈していた。それは頭髪の型、おはぐろ、言語などである。柳田国男が、八瀬の人についてこんな文章を書いている。

「僅か京から二里を隔てた在所であるにも拘らず、其風俗変った点が多かったことである。…（略）…京都巡覧集巻十五八瀬の條に曰く、『当村の男女ともに強気はげし、男も女の如く髪を巻き、女も男の如く脚絆して、言訛りて暹国《せんこく》の人かと疑はる云々』。…（略）…年老いる迄前髪を剃らず頭の上で一所に束ねて居た。」（「鬼の子孫」『定本柳田国男集』第九巻、筑摩書房、昭和三十七年、四二八頁）

風俗、習慣というものが、大きな特徴となるものではあるが、それとは別に、彼らは童子と呼ばれ、鬼の子孫として歴史を紡いできた理由、根拠となるものがあるはずである。

その一つは、比叡山延暦寺で、僧のための牛飼の役を彼らが担当していたことがあげられる。前にも触れたが、荒れ狂う猛牛を落ち着かせ、自由に動かすには、牛飼その人に、一つの鬼的、暴力的呪力、魔力というものが備わっていなければなるまい。そのためには、子どもの神がかり的な力を借りる以外にない。八瀬の人たちが、童子と呼ばれ、いつまでも童姿でいたことは、そういう呪的なものを信じようとしたことの結果である。

いま一つは、八瀬童子の古くからの任務であった、駕輿丁《かよちょう》奉仕活動がある。大喪、大礼時における輿丁の任務は有名であるが、それ以外にも、彼らは貴人と呼ばれる人たちの駕輿丁や諸々の役をはたしてきた。八瀬童子にその役が与えられたということは、彼らのなかに、悪霊を払い、罪を除去するといった神秘的浄化力があったからではないか。

八瀬童子にも諸々の歴史があった。さまざまな苦難に直面し、翻弄されてきた。ムラ境界線をめぐる争いとか、延暦寺との比叡山山材伐採権に関する争いなど、八瀬の死活問題にかかわる闘いを経験してきた。しかし、彼らは、鬼の子孫であることに誇りを持ち続け、いろいろな批判、攻撃に抗してきたのである。

(三) 酒呑童子について

『御伽草子』のなかにある「酒呑童子」は、次のような語りではじまっている。

「昔わが朝《てう》のことなるに、天地開けしこの方《かた》は、神国といひながら、又は仏法盛んにて、人皇《にんわう》のはじめより延喜《えんぎ》のみかどに至るまで、王法《わうぼふ》ともにそなはり政《まつりごと》すなほにして、民《たみ》をもあはれみ給ふこと、尭舜《げうしゆん》の御代《みよ》とてもこれにはいかまでまさるべき。しかれども世の中に不思議の事の出て来たり。丹波国大江山《たんばのくにおほえやま》には鬼神《きじん》のすみて日暮るれば、近国他国の者迄《まで》も、数《かず》をも知らずとりて行く。都の内にてとる人は、みめよき女房の十七八を頭《かしら》として、是《これ》をもあまたとりて行く。」（市古貞次校注『御伽草子』（下）岩波書店、昭和六十一年、一八九頁）

この国は、神道を軸にしてはいるが、仏教も採用して、両者を調和させて、平和な世の中を続けていた。この平和な時代の続行は、中国の理想の時代よりも、素晴しいものであった。しかし、この平和な時代も未来永劫に続くものではない。突如として世間を震撼させ、戦慄させ、人心を恐怖のどん底におとしいれるような事件がおきたのである。

池田中納言の美しい一人娘の姿が、ある日突然消えた。まるで神隠しのごとくに。なげき悲しんだ父親は、陰陽師の占いにすがるほかはなかった。この占いによれば、姫は都の西北、丹波の国の大江山にいることが判明した。その山には鬼が住み、その鬼の仕業だということになった。このことを案じた帝は、源頼光を呼び、中納言の娘を救済せよ、との勅命を出したのである。頼光は、ただちに、渡辺綱、坂田金時（公時）、碓井貞光、卜部季武、藤原保昌の五人を集め、大江山に向うことにした。

途中、頼光らは三人の翁に会う。八幡、住吉、熊野の神々である。この三人の翁は、頼光らに「神便鬼毒酒」（人間が飲めば良薬となり、鬼が飲めば神通力を失う）を与えた。

さらに進むと、血染めの衣を川で洗濯している娘に会う。娘が語るには、鬼たちが人の血を吸い、その際汚れた衣を洗っているとのこと。その娘に案内してもらい、頼光一行は、鬼の住処に到着した。修行の途中で道に迷った山伏であると、身分をかくして鬼の館に入る。最初疑い深い目で見ていた酒呑童子も、次第に気を許すにいたり、宴会を催してくれた。その際、頼光は三人の翁にもらっていた「神便鬼毒酒」を鬼たちに与えた。それを飲んだ酒呑童子は酩酊した。酩酊したところを頼光は酒呑童子の首を刎ねたのである。そのときの酒呑童子の発した悲痛な叫びを聞かねばなるまい。

「鬼神眼《きじんまなこ》を見開きて、『情《なさけ》なしとよ客僧たち、いつはりなしと聞きつるに、鬼神に横道《わうだう》なき物を』と、起き上《あが》らんとせしかども、足手《あして》は鎖《くさり》に繋《つな》がれて、起くべきやうのあらざれば、お声《ごゑ》をあげて叫ぶ声、雷電雷《らいでんいかづち》、天地も響くばかりなり。」（同上書、二一一頁）

この酒呑童子の断末魔の叫びは、王権の対極で呻吟する民衆たちの肉声のようにも思えてくる。

一夜の宿を提供し、歓迎の宴まで開催してくれた酒呑童子が、結局のところ、頼光らの狡知にしてやられ、首を刎ねられたのである。神仏の加護をいただいて、手柄をたてた頼光ら一行は、京に凱旋し、この国の安全を確保したという、「めでたし、めでたし」という話である。

ところがである。この極悪非道のシンボルともいうべき酒呑童子の首を刎ねた頼光は、妖怪退治者として一応英雄扱いはされているが、「鬼神に横道なし」と叫んで死んでいった酒呑童子の方に多くの同情が集まるのはなぜか。憎き酒呑童子という評価が生れないのはなぜか。

鬼の住処とされた大江町では、毎年十月の最終日曜日に、酒呑童子の祭りが催されている。

「いま大江山酒呑童子が甦りつつある。現代の物質文明の中で、管理社会の中にくみこまれた人々のロマンに惹かれる心情－それがいま全国的な伝奇ものブームの背景ではないかと思われるが、大江町では、鬼が町づくりの尖兵となっている。…（略）…ふるさと創生の一環として、町づくりの起爆剤として鬼伝説が甦えりつつある。『来年のことを言うと鬼が笑う』という諺があるが、その鬼に町づくりの担い手になってもらう――その方向づけに町内賛否両論があるのも事実だが、鬼のおかげでいま大江町が脚光を浴びていることは、まぎれもない事実であり、町の活性化のいとぐちとなったことは評価しなければならない。」（大江山鬼伝説一千年祭実行委員会・鬼文化部会編『大江山鬼伝説考』の「まえがき」、平成二年）

「鬼が町づくりの尖兵」になったり、「鬼のおかげ」で町が活性化するといったことは、いかなる謂か。鬼は「善良」な人間の敵ではないのか。都に出没して、金銀財宝を盗み、姫を略奪し、悪のかぎりをつくしたとされる鬼を、人々はなぜ甦らせせようとするのか。そして、その鬼を征伐した源頼光の顕彰と活用はどうなっているのか。

そもそも、民衆にとって鬼は征伐して終り、という存在ではなかったのかもしれない。鬼を極悪の象徴として、彼らを討つことへの賛辞を惜しむことはなかったが、それはタテマエの話であって、ホンネの部分では、強力な鬼の登場を待ち望んでいたのは、民衆自身ではなかったのか、という思いが私にはある。

常に差別され、軽視され、踏みつけられる民衆の日常からくる不満は、尋常な手段で解消されることはない。現実世界で通用している規矩にしたがえば、勝敗は、はじめからきまっている。日常のこの規矩を打破するには、鬼の呪力、強力が必要なのである。

現実世界で闘うことのできない民衆は、夢のなかで、民話の世界で、あるいは宗教の世界で、これを成就させようとする。そういう願いをこめて、民衆は鬼とつきあい、鬼に期待する。鬼を生かし、鬼伝説を継承してきたのは、民衆の日常から湧出する心情であったのだ。先にあげた『大江山鬼伝説考』も、その「結び」でこうのべている。

「何よりも考えさせられることは、江戸時代にこの酒呑童子の物語をはぐくみ育て継承したのは、支配者の側ではなく民衆であったことである。そして鬼への怨念はあまりみられない。さまざまな呪力と強いエネルギーをもつ鬼に親しみをこめ、身を破

滅させつつ現実を生き抜いた鬼に、苛酷な封建社会に生きる民衆の心がよせられているのではなかろうか。」（同上書、一〇九頁）

この酒呑童子伝説が、英雄の鬼退治譚であることはいうまでもないが、桃太郎伝説などと較べるとき、読む側、聞く側に、鬼に同情心や期待感があるのは事実である。酒呑童子の子孫であることを誇らしく思ったり、悲運のうちに、最期をとげた酒呑童子の命日を、「鎌止め」といって、刃物を使用してはならない日に設定したりしながら、童子を偲んでいる現実があるのだ。

酒呑童子にしてみれば、自分の住処を理不尽にも追いやられ、仏教にしてやられ、政治にしてやられ、王権にしてやられ、徹底的に突き落とされ、排除されてきたのである。その怨念たるや尋常であろうはずがないではないか。酒呑童子をはじめとする鬼どもは、排除され、虐待され続けてきた民衆自身であったのかもしれない。

酒呑童子は架空の存在であるが、その鬼を討った源頼光は、実在した人物である。彼はいかなる人物であったのか。財力にものをいわせ藤原氏に接近している。その財力をどのようにして頼光は手に入れたのか。元木泰雄の次の指摘を見よう。

「頼光は、先述のように備前を皮切りに、美濃、但馬、再度の美濃、伊予、摂津といった諸国の受領を歴任している。これらはいずれも大国、熟国と称された富裕な国々であり、人事権を掌握した道長の頼光にたいする覚えのよさを示すとともに、彼が豪富を築いたことを推察させる。彼の武人としての活動は、長徳の変以降、いっさい確実な記録に登場しない。頼光の基本的性格を問うならば、それは受領ということになる。」(『源満仲・頼光』ミネルヴァ書房、平成十六年、一〇〇頁)

頼光は藤原道長の父である兼家に馬を三十頭贈ったり、道長の土御門殿竣工の際に、大量の調度品を献上したりしている。

満仲、頼光ともに、かなりの策略家であったことで知られている。この父子のなかの頼光が、妖怪退治の英雄として後世に伝えられてゆくのであるが、史実としては、武士としての仕事に、これといって目をみはるものがあったわけではない。とても武勇伝の主人公になるような武力を持った人物ではないのである。そうであればこそ、清和源氏という流れの名声をあげるためには、真の武士間の闘いといったもの以外のところで、武勇にすぐれた人物としての点数をかせがねばならなかったのかもしれない。

それといま一つ彼が英雄扱いされるに値する背景があった。それは頼光が武士としての誇るべきものがないということが、逆によかったのである。元木泰雄もこのことを次のようにのべている。

「彼にはほとんど武士としての事績がない。実は、このことが彼が評価される原因となった。はなばなしい合戦に巻き込まれなかったことこそが、社会と王権が安定していた証拠であり、こうした安定をもたらしたことが、武士頼光の功績と評価される結果となったのである。言い換えれば、頼光が一条朝という、王朝の黄金時代として回顧される時代に生きたこと、ここに彼が高く評価された根本原因があったのかもしれない。（同上書、一三二〜一三三頁）

武人としての戦績はなく、それゆえ、黒星のなかった頼光は、摂関家への接近を主眼に置きながら、陽の当る場所を獲得するのには、むしろ、向いていたのかもしれない。また、頼光が妖怪退治、鬼退治者として浮上させられたのは、彼の名前にその一因があったとされる。つまり、頼光は邪悪を祓う「雷光」、「雷公」につながる。人知、人力を超えたところにある自然の威力というものは、一方で豊かな恵みを人間に付与してくれるが、同時に想像もつかない災をもって、人間に復讐してくることがある。雷は自然の驚異のなかでも、傑出したものである。天地を震撼させるほどの雷鳴、大木を一刀両断するときのあの閃光は、菅原道長の怨霊の威力を例にだすまでもあるまい。

このような超人的魔力こそが、鬼征伐には不可欠のものであった。鬼を討つためには、その鬼の力を凌駕する力が必要だったのである。

八　深沢七郎への関心

日本近代の偽善性を追求してゆく過程で、私は深沢七郎という人物に出会った。この人物は、『楢山節考』で有名になったが、彼の言動のなかには、私たちが知らず知らずのうちに持ってしまった「教養」というものとは、大きく「ズレ」たものがある。

（一）ヒューマニズムを疑い、怠惰に生きる

人類が人類だけを大切にし、他の生物を排除し、虐待しながら生きのびようとする姿は、人類のエゴイズム以外のなにものでもない。しかし、近代化というものは、このような人類だけの幸福を追求し、人類中心の歴史を積み重ねてきた。

地球上に存在する生物は、それぞれがそれぞれの存在理由を持っている。人類だけが特別な存在ではない。うじ虫も芋虫も人類も地球上の一構成員である。人類は少しばかりの知恵で、自然界のすべてが理解でき、コントロールできるという神話をつくってしまった。浅慮であり、傲慢である。

私たちが忘れてならないものは、人類を超えた「大いなるもの」の存在である。それは、神でも仏でもいいが、その「大いなるもの」の存在を忘れるとき、人類は滅亡

の一歩をふみだすことになる。科学の力によって、思いのまま自然を征服し、支配できると思った瞬間から人類の堕落が始まる。人類自身が神や仏になりうるという不遜な思いを抱いてしまっている。

文明とは病気だと断言した一人に岸田秀がいる。彼は次のようにいう。

「文明とは病気である。しかもかなり伝染性の強い病気である。この病気には人類しか罹らないが、今のところ、いちばんの重病人はヨーロッパとアメリカ人、それ以外では日本人である。……（略）……文明は、人類が生物学的に畸形的な進化の方向にはまり込み、本来の自然的現実を見失ったことにはじまる。人類は、見失った自然的現実の代用品として人工的な擬似現実を築きあげた。この擬似現実が文明である。」（『続・ものぐさ精神分析』中央公論社、昭和五十七年、一〇頁）

この擬似現実は、人類の自然的現実ではないので、居ごこちはよくない。したがって、もっと自分にしっくりくるものを次々と欲しがる。これを文明の進歩と呼んでいるのだ。このヨーロッパ文明を採用した日本は、農耕文明を後方に押しやり、自然破壊につながる文明の方向に舵を切ったのである。この文明の基本には、いうまでもなく、科学技術の発達とそれに基づく生産性の向上と、軍事力の強化拡大があった。この文明は、常に自己拡張を続けていなければ倒れてしまうもので、したがって、ヨーロッパ列強は非ヨーロッパ諸国を、次々と侵略し、植民地にしてゆくことが生きのびることであった。近代の歴史は、ヨーロッパ中心の歴史として展開され、そこにおける価値基準が、全世界の基準となった。

これから問題にしようとする深沢七郎は、こういう文明にたいして、どのようなかかわり方をしたのであろうか。とりあえず、深沢が見せる人間にたいする強い懐疑、人生の意味を問うことへの激しい怒りから見てゆくことにする。

深沢の作品の一つに、「人間滅亡的人生案内」（昭和四十六年）がある。若者からの人生相談を受けて、彼が助言をしたものを集めたものである。（「話の特集」昭和四十二年九月号から昭和四十四年一月号、昭和四十四年四月号、六月号、十一月号に連載）

本書のなかの、「生きること」、「人生に関すること」に関する興味ある個所に少し触れてみたい、深沢の回答のいくつかをとりだしてみよう。

○「生きるに値する何かを発見するなどとはとんでもない思い違いだと思います。

ヒットラー、徳川家康、と大きなことをしようとした人たちは結局、なんのために努力したかわからないと思いませんか。生きていることは川の水の流れることと同じ状態なのです。なんにも考えないで、なんにもしないでいることこそ人間の生きかただと私は思います。ただ、生きていくためには食べなければならないのです。だからお勤め仕事もするのではありませんか。仕事をすることは食べること以外に意味を求めてはいけないのです。」（『深沢七郎集』第九巻、筑摩書房、平成九年、三四九頁）

○「ただ、ぼーっと生れて来たのだから、ぼーっと生きていればいいのです。…（略）…人間は食べて、ヒッて、寝ればいいのです。」（同上書、三八〇頁）

○「生きることは楽しむことか、努力することかなどと考える必要はありません。なんのために生れてきたのか誰も知らないのです。それは知らなくてもいいのだとお釈迦さまは考えついたのです。彼は三千年前菩提樹の下で悟りをひらいたと言われていますがその悟りとはそのことだと私は思います。」（同上書、四一八頁）

○「人間として生きるという言葉を私は信じません。生きるではなく、生きているのです。ただわけもなく生きているのが人間です。動物もそうです。……(略)……人は生きているという状態だけでいいのです。つまり人間はうごいている状態です。うじ虫、芋虫も同じだというのはそのことなのです。貴君も、私も、うじ虫も、芋虫も、ただうごいている生きものです。外になにも考えないこと。」(同上書、四三三頁)

○「人間が生きていることは虫や植物が生きていることと同じなのです。虫や植物がなんで不安を感じるものですか。貴君の考えには滅亡教の鼻糞カケラもありません。人生は、悲しいとか、嬉しいとか、不安とか思うのは病気です。」(同上書、四六五頁)

この深沢の回答のなかに見られるものは、およそ近代の人間中心の思想とか、人生の意味についての議論云々などからは、想像もつかないほど、乱暴で、取るに足らないもののように思える。近代を信奉してきた人たちが、大切にしてきた人間の生き方を、根本から覆すような回答である。人生の意味とか、生き甲斐、生きる価値などは深沢にとっては、どうでもいいことなのである。

元来、人間も他の生物と同様、自然界の法則に従って生きていた。それを、ある一つの方向に向かわせ、そのなかでの生甲斐とか、目標を、強要した者がいる。生甲斐とか、人生の目的、意味、価値などといったものは、所詮、世間とか国家とか企業とかが、働く人間の労働意欲をかきたてるために作為して、押しつけたものである。それを労働者も、自分たちの内発的なものだと思うようになってしまった、と深沢は考えている。

深沢は、怠惰を奨励し、勤勉を敵視する。

「私は、かつて、『怠惰の美学』という本を出した。怠けることはこの世を平和に、美しくすることで、勤勉こそ人類の敵だと書いた。まったく、歴史は支配者が勤労をけしかけて、褒美《ほうび》を与えたり、表彰状を与えたりして平和を害したのだと思う。つまり、勤労者たちは、贅沢な生活をすることができて、それが立身であり、成功者であり、人格者であり、立派だと思い込ませられるのだ。…（略）…私の人間滅亡教は生活程度をあげないこと、勤労は悪事であること、怠惰はこの世を平和にするということを説いた。」（『深沢七郎集』第八巻、筑摩書房、平成九年、一四二〜一四三頁）

深沢のこの主張は間違っているのか、狂っているのか。そうではない。彼は人類の原初的精神のありようを語っているのだ。

本来、人間という生きものも、働くことをそんなに好む動物ではなく、そうなったのは、誰かによって、あるいは何物かによって、そのような生きものにされてしまったのである。したがって、深沢は懸命に働くことを人類の敵と呼ぶ。深沢はこう思っているのだ。人間は、自分の人生を十全に生きておれば、そこには、なんの過不足もなく、迷うこともなく、人生の目的など考えなくてもすむものだと。しかし、他の動物たちと違って、人間はいつの間にか、本能が破壊され、十全に生きられなくなり、生甲斐とか人生の目的とかを、かかげなくては生きられない動物になってしまったのである。

サマセット・モームの有名な作品の一つに、『人間の絆』があるが、この作品のなかで、モームは、人生に意味などはないと断言している。

「人は、生まれ、苦しみ、そして死ぬ、と。人生の意味など、そんなものは、なにもない。そして人間の一生もまた、なんの役にも立たないのだ。彼が、生れて来ようと、来なかろうと、生きていようと、死んでしまおうと、そんなことは、一切なんの影響もない。

生も無意味、死もまた無意味なのだ。」（『人間の絆』（下）〈中野好夫訳〉新潮社、平成十九年、四八二頁）

すべての人間が、ただ、なんとなく生まれ、すべてがそういう運命のなかにいる。生も死も無意味であるところに、生甲斐などというものが入り込む余地はない。梅棹忠夫も『老子』や『荘子』を持ちだしながら、同じようなことをいっている。人生に目的があるか、そんなことを考えること自体が無意味なことで、人生に目的などあるわけがないと彼はいい切る。

世間でいうところの「役に立つ」などということは、きわめてつまらぬことで、「役に立たないこと」が最もすばらしい人生だと高言している。

生産力の向上、市場原理の貫徹といったものからの訣別を告げているかのように、梅棹は怠惰の思想を語る。

深沢は梅棹同様、日本人の深層心理のなかにある怠惰願望をよく見抜いている。彼は意識して、反近代とか反ヒューマニズムとか、反文明とかを高言するわけではないが、深沢という存在そのものが、そのことを物語っているのである。

（二）庶民への視点

昭和四〇年十一月に、深沢は埼玉県菖蒲町に「ラブミー農場」を設けた。約三五〇〇平方メートルの広さで、そのなかに、三坪ほどのプレハブを二つ建てた。

彼は農家の出身ではないが、なぜか農業への関心には、かなり強いものがあった。深沢は、山梨県の田舎町で、印刷屋の四男として生れている。大正十五年に、山梨県立の白川中学校に入学した。当時先生たちは、彼にはこの学校は無理だといい、本人もそう思っていたが合格してしまった。父親は、「まぐれで受かった」といいふらしていたという。中学一年の二学期から、勉強しないからという理由で、深沢は小学校六年生のときの担任の先生の家に預けられた。その預けられた家が農家で、彼はその土地の人たちと友達になった。そこで農業が好きになったという。

この「ラブミー農場」へやって来て、農業をやることについて、いろいろな人から、その理由を聞かれるが、自分にもよくわからぬという。農家に預けられ、そこで見た農家の生活が気に入ったのと、いま一つは自分の先天性だという。

「なぜ私は自分の生活を変えたのだろう。妙なことに他の人達からそのことを質問されると私の答えはその時その時で違ってしまうのだった。…（略）…つまり自分でもまだわからない理由があるようである。そうしてそれが、この半年たってようやくそれは先天性のものだと気がついたのだった。つまり、私は商人の家に生まれたが本当は農業に適していたのだった。」（「生態を変える記」『深沢七郎集』第九巻、筑摩書房、平成九年、一一三～一一四頁）

明確な農業への転換動機があったわけではないが、先にのべたように、なにか深沢の内面に先天性として農に傾斜するものがあったのであろう。

こうした農へのかかわりのあった深沢がどのような庶民像を描いていったか、少し考えてみたい。

深沢は、本格的に、日本農民史や民衆史などと取り組んだことはないと思うが、彼の作品の一つに、『庶民列伝』がある。この書の「あとがき」に次のような文章がある。

「どれもが庶民のすさまじいばかりな生き方を書いたつもりである。というより、私の書くもののなかの人物は美男美女とか、金持とか、立身出世した人物などは出て来ない。たいがいが貧乏人のきたないほどな生き方になってしまうらしい。というより、私のまわりの人物たち、私が交際する人たちはステキなダイヤの指輪などをしたり、真珠の首かざりをしたり、軽井沢に別荘などを持っている人たちではないということ、それは、そういう人たちとは交際することが私は苦しいのではないだろうか。」(『深沢七郎集』第四巻、筑摩書房、平成九年、二〇八頁)

深沢は世間でいうところの常識人ではない。どこか常識とはズレていて、ズレているから、常識ではとらえきれないものを、とらえることができる。異質な視覚、聴覚、嗅覚を持っているのだ。

深沢の眼に映ずる庶民の姿は、封建的呪縛によって呻吟する弱者ではない。貧乏ではあるが、常に忍従を余儀なくされているのではない。実存としての庶民像を深沢は見ているのだ。彼の描く庶民は、「したたかさ」、「ずるがしこさ」、「すさまじさ」などに満ちている。農民文学という旗をかかげ、農民、庶民の味方であるような顔をしている近代主義者たちを、深沢は腹の底から嗤っている。

貧苦にあえぎ、踏まれても踏まれても耐えぬくといった庶民を美化し、聖化するといったことは深沢にはない。

庶民の深層心理に宿る情念は、状況如何によっては、一揆や革命に傾斜することもあれば、ファシズムを支援したり、みずからその階段をかけのぼることもある。ムラと個人の関係についても、彼は単純にムラが個人を呪縛し、苦しめ、独立、自立を許さないものと断定しない。個人がムラを利用することもあり、ムラが存続してこそ個人があるという見方もしている。

限られた生産力のなかで、養うことのできる人間の数は、おのずから限度がある。それを超えれば、超えた分は排除しなければムラが維持できない。そこには封建的呪縛もなにもない。深沢は「東北の神武たち」のなかで、こんなことをいっている。

「利助も仁作も村ではヤッコとかズンムと呼ばれていて一人前の人間扱いにはされていなかった。ヤッコというのは総領以外の次男や三男のことを云うのであった。嫁を貰うのは総領だけで、次男や三男は家を持つことが出来なかった。ヤッコというのは『野良男』とか『飼い殺しの奴ッコ』という意味であった。村には百六十枚の田や畑があっても、それは二十二軒の家がめいめいで持っている地所だった。これ以上、家がふえるということは一つの飼い葉桶に二匹の馬の首を突ッ込んで餌を食べると同

じことになるのである。」（『深沢七郎集』第一巻、筑摩書房、平成九年、二〇四〜二〇五頁）

物理的にギリギリのところで、ムラ全体の生活が維持できているので、食糧問題は、文字通り、ムラの存続にとっての死活問題であった。そのムラのなかの食糧を盗むということは、最大の犯罪で、一家皆殺しの極刑も当然のことであった。

このような環境のなかで、生き、そして死んでゆく庶民に深沢は照明を当てるが、そういう人間を悲運の連続のなかで呻吟する痛々しい人間としては描かない。

深沢は、可能なかぎり他人と離れ、世俗を離れ、隠者のようになって、暗闇のなかに捨てられているものを拾い、世間を驚愕させる。現実世界に存在する数々の秩序、規範、道徳などを拒否することにより、彼は独自の舞台をつくりあげていった。

日本には、「かぶく」という言葉があるが、これには「傾く」という意味がある。世間の常識が「正」であるならば、「かぶく」は、「異」とか「ハズレ」ということである。多くの人が歌舞伎に興味を示すのは、人間の浅慮な知恵とか理性などとは違った、心の底にある情念というものを刺激されるからである。近代以後の常識的知性などよりも、長い長い歴史を刻んできたわれわれの祖先が、命がけで生きてきたもののなかに流れている血が反応するのである。

そういえば、深沢には、どこか歌舞伎役者のようなところがある。現実世界で通用している秩序とか雰囲気というようなもののなかには、とうていおさまりきらないものが彼のなかにはある。

深沢や野坂昭如らの「かぶき者的性格」に触れた笠原伸夫は、深沢についてこうのべている。

「かぶき者とはいいかえれば異形なる夢幻を生きるものの謂《いい》である。『風流夢譚』のなにやら軽薄ともみまがう夢ものがたりが、底ぬけの笑いのうちに、ぬっと不気味な顔を突き出すのも、まさしくかぶき者の美意識ゆえではなかろうか。深沢七郎にそくしていえば『千秋楽』や『東京のプリンスたち』あるいは『絢爛の椅子』、『風雲旅日記』にみられる都会生活者、ないし都市から流竄《りゅうざん》する人間たちの内部意識も、まさしく〈かぶきもの＝異端者〉の孤独と悲哀をとらえたものにほかなるまい。」（「かぶき者のダンディズム」『国文学・解釈と鑑賞』至文堂、昭和四十七年六月、一六頁）

深沢は仕事を次々と変え、住所も転々とし、いわば漂泊的人間であった。世の中の常識からは大きく逸脱した奇人、変人であり、凶暴ではないが、なんとなく恐怖を漂わしている。この彼の生き方が、作品に登場する庶民たちにも影響をおよぼしている。乱暴で、デタラメで、すさまじい顔が、深沢の用意した舞台で、うたい、踊り、笑い狂う。

登場する庶民は、金銭はないが、貧困を理由に死ぬような人間はいない。苦悩をユーモアで吹きとばすようなところがある。弱者の深傷に塩をぬり、強者を憧憬し、悪の道に誘惑されたりもする。

深沢にとっては、正義を貫き、隣人をこよなく愛する人たちが庶民ではないのだ。近隣の住民たちは、お互いに、スキがあれば足もとをすくい、隣人の不幸をこのうえなく喜ぶのである。

「雨が降りつづいてその隣家では洗面器やバケツやタライを家の中に並べて防ぐのだが、それでもまだ畳が水に濡れるのである。雑巾で畳を拭いてはしぼって、またふいているのだが、それより外に方法はないのである。隣の家ではそれを知っていて、ふだん、憎い〳〵と思っているのでカタキを討つのはこんな時だと、（もっと降ればいいなア、いいキモチだなア）と口では言わないが、腹の中では思っているのである。（もっとく降れく）と天に祈っているのである。」（「庶民列伝」序章、『深沢七郎集』第四巻、筑摩書房、平成九年、三六頁）

隣人愛などかけらもない。天の力を借りてでも、隣人をやっつけたいのである。他人の不幸はなによりも楽しいし、おいしいのである。

この悪を積み重ねるというような言動は、世間がつくりあげた善を討つことである。人間の深層心理の世界に宿る原始性は、世間でつくられた常識からは見えないのである。

世間に迎合してつくられた善を行っていると自分で認めている人たちは偽善者以外のなにものでもない。深沢にはそういう偽善者がよく透視できるのである。

彼は、学校の成績優秀者や世間でいう教養を極力嫌う。成績優秀者は精神異常者だという。

次のような例は、「すさまじさ」を露呈している庶民の代表である。

「その家は製本屋で、私とは親しい交際《つきあい》である。昼飯どきに行った時だった。子供は学校へ行っていて、夫婦で食事をしようとするところだった。お膳の上にコッペパンを2ツ並べて、茶碗に朝飯の残りの冷たいミソ汁がこぼれそうによそってあって、『いただきます』と奥さんが言ってお膳にアタマをさげた。そこの御主人も、『いただきます』と言って、奥さんにつづいてお膳にアタマをさげた。…（略）…ふたりで揃ってお膳に頭をさげた恰好は、小学生が先生の前でお辞儀をしている様である。（凄いなァ、庶民だなァ、あんなコッペパンとミソ汁なんかにお辞儀をして）」（同上書、一〇〜一一頁）

コッペパンとミソ汁という組み合せは、世間の常識では考えられない。コッペパンと牛乳とか、ミソ汁と麦飯といったことなら考えられるが、そうではないところに、この夫婦の乱暴さというか、すごさがある。

献立には「文法」というものが通常あるが、それがこの夫婦にはまるでないといったのは、中沢新一であるが、彼はこんなことをいっている。

「料理の組み合わせについてはちゃんとした『文法』のようなものがあって、それが献立をなにか『もっともらしい』ものに、仕立てあげているわけなのである。ところが、この製本屋の御夫婦はそんな食事の『文法』なんかにはおかまいなしに、途中のつながりをぶっとばして、ふつうは遠く離れているものをまったく『乱暴』にひとつに結びあわせて、それを平然と受け入れてしまう。…（略）…いろいろな『文法』をはみだしたものを、平然として受け容れて、丁寧に取り扱おうとする態度は、乱暴といえば乱暴だけれど、『もっともらしさ』をあっけなく通り越して、むしろ凄味さえただよわせるようになるのである。」（『深沢七郎集』第九巻の「月報」、筑摩書房、平成九年、七頁）

繰り返しになるが、それまでの多くの民衆史、農民史などによれば、民衆は常に貧しく、いろいろな呪縛構造のなかで、阿鼻地獄を体感しながら、呻吟し、それでも正直で、清く正しく生きる人たちであった。深沢の描く民衆像は、どうも、そういうものとは違う。

人は生れるや否や、家庭、学校、社会を通して、世間でいうところの、常識人になれるよう教育される。現実の社会体制維持のために役立つ価値を教えこまれる。

次は、しる粉の食べ競争である。しる粉を食べ続け、七～八杯目になったとき、鼻からしる粉がとびだし、それが自分のどんぶりのなかに入ってしまったので、それ以上食べられなくなり、競争に敗けたという話である。これもまさしく、庶民の代表だという。

大量にしかもそれをはやく食べるというのが庶民なのである。放屁を特技とするのも庶民の証だという。朝から晩まで、切れ目なしに屁を放つなどは至難の業であろうが、それをなんなくやってのけるのが庶民なのだ。砥石を削って食べれば、屁はいくらでも自由に出せるという。

(三)『楢山節考』の「おりん」と深沢七郎の母

深沢を一躍有名にしたのは、彼の作品の一つである『楢山節考』であることはいうまでもない。異色の作家として、深沢はこの作品で、中央公論新人賞を獲得した。昭和三十一年のことである。

この作品に登場する「おりん」が、深沢の母、「さとじ」であることは明らかである。木山捷平との対談で、木山にこの作品をつくった第一のヒントを聞かれて、深沢は次のようにこたえている。

「自分のおふくろのことですね。今は捨てられるんじゃないけど、ガンでもう見放されちゃってね。そういう場合になったらこんなような気持になるんじゃないかしらと思って。こういうような気持でいたから、こういう場合はこうなるだろうということですね。たとえば今病気になってこういうふうになってこんなことをした。それが昔こういうぐあいにやられてもこんなような気持になるだろう、いまのおばあさんは歯なんか欠かないだろうけど、昔こうなら歯くらい欠くだろうというように、…そういうつもりで書いたんです。」(『深沢七郎滅亡対談』筑摩書房、平成五年、七二頁)

近代ヒューマニズムを信仰している人たちにとっては、いかなる事情があるにせよ、老いた自分の母を捨てるなどということは、断じて許されぬことである。

しかし、ここに登場する「おりん」は、誰かによって捨てられるというものではなく、楢山に行くことを、こころ待ちにしていて、その日のための祝い酒をつくり、自分が山で座るムシロをすでに編みおえている。川のヤマメの潜んでいる場所をも、嫁に教えている。

深沢にとって、母はこの世に二人といない理想の女性で、最愛の人であった。それだけに、母が他界することは、理想郷に鎮座していて、神にちかい人がいなくなるということであった。

母馬のそばを、かたときも離れようとしない仔馬のような存在であった深沢は、近隣の人たちからも、「とうねっこ」と呼ばれていた。二人でいるときが、二人の至福のときだった。母、「さとじ」は五人の男の子を育てたが、どういうわけか、七郎を特に可愛がった。弟の貞造は、肝臓癌の末期で、ぐったりとしている「さとじ」を背負って歩く兄の姿を知っている。床ずれして激痛に苦しむことから少しでもそれを取り除いてやろうと、来る日も来る日も、母の病体を自分の腕で支えている兄の姿も知っている。弟貞造は、兄のことを次のように語っている。

「柿の実が色づくのを見ると、いつもあの時の情景が思い出されます。痩せおとろえて骨と皮ばかりになって歩けなくなった母を背負って庭の木や花を見せて歩いた兄のうしろ姿、また永い病床の床ずれが化膿して痛くて苦しんだ死の直前の重い母の腰を数日間も必死でささえていた兄の両腕のことを。…（略）…癌にかかったことを自分で気が付いたのが『楢山参り』を決心した『おりん』であったことに私が気付いたのは小説を読んでかなり経ってからでした。」（「兄のこと」『深沢七郎の世界』〈別冊新評〉

第七巻第二号、新評社、昭和四十九年七月、一〇四頁）

「おりん」の振舞いを含めて、どのような舞台を設ければ、「おりん」の死が人間の理想の死に結びつくかを深沢は考えた。

楢山に行って死ぬことが恐ろしくて、つらくて、いやいやながらというのでは、このドラマは成立しない。生きのびたいという人間の本能的なものを、切断して、はじめて成立するのである。嬉々として、死地に赴くということ以外に、「おりん」の自己主張は認められない。まず、「おりん」の精神を美しく、聖なるものにしておいて、その次に彼女を取り巻く舞台を、それにふさわしいものにしなければならないのである。そのためには、このムラは貧しく、それゆえに、諸々の拘束の厳しさが強く存在しなければならない。その拘束が厳しければ厳しいほど、それに従うことの美しさがかもしだされるのである。

「おりん」は貧しいムラで生活している。人為的なものはほとんどなく、あらゆるものが原初的である。

深沢が『楢山節考』で登場させるムラの実際のモデルは、信州ではなく、山梨県の東八代郡境川村大黒坂であった。このムラと深沢のつながりは、米の飯が食えるということであった。いとこが嫁いでいて、そこに行けば米の飯にありつけるということで、深沢にとっては、絶好の場であった。

このムラで深沢は、自然のなかから生れた生活の知恵を学び、生きてゆくうえでのギリギリのところで生れた人情とかにかぎりない興味と関心を示したのである。

深沢は次のようなものを見たという。

「それは、教育とか、教えられたとかいう細工を加えられた人間の生きかたではないもの、いかにして生きるべきかを自然にこの村の人たちは考えだしていると私は気がついたのだった。真似ではなく、自然に発生した—土から生れたとでもいうべき人間の生きかたなのだと私は知った。そんなこの村の人たちを私は好きになってしまったのだった。…(略)…私がこの村の人たちが好きになったのは、生きていくぎりぎりの線上にわいた人情、風習—それこそ、原始の味も残されていると気がついたからである。」(「舞台再訪」『深沢七郎の世界』〈別冊新評〉新評社、昭和四十九年七月、二二一〜二二三頁)

それでは、この舞台で、何をどうすれば「おりん」の死を美しく浮上させることができるのか、厳しい掟が必要となるが、考えられる掟の主たるものは、限られた農地と限られた収穫のなかでの人口調整である。農業生産に寄与することのできない人間は不要ということである。多すぎる赤子も不要である。赤子を間引くか、老人を捨てるかである。このムラは、七十歳になった老人は「楢山参り」といって、死の旅に出るのである。

柳田国男が、「親棄山」伝承についてのべているが、これは実は親に孝行をすすめる話だというのである。

「親棄山とはけしからぬ話、聴く耳の穢れと思ふ人もあらうが、是はさういふ驚くやうな話題を出して、先づ聴く者の注意を引き寄せようとする手だてゞあって、実際は人に孝行を勧める話なのである。人によっては又棄老国ともいふが、この名称は外国から来て居る。昔々、いつの頃とも知れない遠い昔、さうして又何処に在るかもはっきりしない或一つの国に、親が六十歳になると、山に棄てゝ来なければならぬといふ、飛んでも無い習はしがあった。それが一人のよい子供、もしくは心のやさしい者の行ひによって、もう永久にそんな事をする者が無いやうになったといふ話、その話し方が又変って居て面白いのであった。」（「村と学童」『定本柳田国男集』第二十一巻、筑摩書房、昭和三十七年、二九四〜二九五頁）

柳田のような見解も多く見られはするが、近代ヒューマニズムの視点に立てば、そうなるのである。しかし、たとえ、老人を現実に捨てるということがなかったとしても、極度の貧困から、姥捨同様のことがどこにもなかったとはいえまい。次のような説もあることを紹介しておこう。

「由来信濃国更級郡の山地は冬の寒冷の季節が長く、地味もまた痩地でしばしば凶作、飢きんに見舞われたことは更に明らかであり、このような場合極度の食糧不足から木の皮草の根などをあさり、果ては一家離散、老人や病人の置き去りに―棄老とかわりない事態が起きたことも、近世の凶歳を記した文書にしばしば見かける。…（略）…以上述べた様な古来の学者、研究者の所論を比較検討し、尚更級原地の昔の様相などをも想像し、愚考も姥捨山の棄老伝説は、この地方の故実の反映したものとみる説が妥当と思うものである。」（西沢茂二郎『姥捨山―故実と文学』信濃路、昭和四十八年、六五頁）

ヒューマニズムの裏側にひそんでいる地獄のような真実を深沢は見抜いていて、老人の経験知が、ムラ救済のために必要なことは事実だとしても、食糧危機に陥った現実を、それが救済できるとは思えない。老人の排除はやむをえないことであるに違いない。

貧困のなかで、飯を食うということは重大問題である。「穀潰し」という言葉があるが、それを可能にするのは丈夫な歯の存在である。「おりん」は自分の歯が丈夫であることを悲しむのである。息子の歯が抜けているというのに、母親である「おりん」の歯は丈夫だったのだ。この歯を、楢山参りの日までには、なんとしても抜きたかった。「おりん」は他人の目につかぬように、自分の丈夫な歯を、火打石で、ガツガツとたたくのであった。そのたびに脳天がクラクラする。しかし、そのことを何回となく繰り返すうちに、いつかこの歯が欠けてくれるだろうと思うと、その痛さも耐えられるようになる。毎日ガンガン石でたたいているうちに、丈夫な歯も、次第に弱くなってくる。しばらくして、「おりん」は石臼に自分の歯をぶつけたのである。二本だけとれた。「おりん」は喜んだ。これで歯のない、きれいな老人になって、楢山に行けると思ったのだ。

また、このムラでは、人口を増さないための策として、晩婚が奨励されている。早婚で多産は嘲笑の的であった。

「ぎんやん」という老婆は、この貧困のムラで「ひきずり女」と呼ばれた。これは淫乱な女ということであった。孫の子である曾孫《ひこ》まで見た。多産で早熟が三代も続いたということで、嘲笑されていたのである。

この貧しいムラにおいては、米一粒、芋一つが生死にかかわるほど重要な意味を持っていた。したがって、この重要なものを盗むということは大罪であり、極刑が科せられた。

極刑が科せられたのは、「雨屋」の主人であった。隣の家から豆のはいった叺《かます》を盗んだというのである。この「雨屋」は血統書つきの泥棒の家であった。この家は徹底的に攻撃され、息の根を止められる。この家の犯した罪は、ムラ全体の罪であった。したがって、ムラ人全員で楢山に謝るのであった。

深沢にとっては、このようなムラの掟が日本列島にあろうとなかろうと、そんなことはどうでもよかった。「おりん」の死が美しくなればそれでよかったのである。彼女は死を予告された人間である。散りゆく自分を納得せしめる精神の淵源を求めたりしてはならず、思考を停止し、黙して死地に赴かねばならないのである。

この「おりん」の「美」にたいし、「銭屋」の「又やん」の「醜」が登場する。彼は生に執着し、楢山に行くことを徹底して嫌う。結果として彼の願いなど通るはずもないのだが、それでも最後まで生にこだわっている。

何度も逃げようとした「又やん」は、最後は、がんじがらみにしばられ、息子に谷底へ蹴落される。この「又やん」は、みにくく描かれてはいるが、彼こそ正常な人間で、平均的老人である。「おりん」の「美」と、「又やん」の「醜」が並べられているのである。

美しく死ぬということの裏に、死への恐怖を読み抜くことは可能である。母の死に直面した深沢は、この世の最大の不幸と恐怖を味わった。その裏に「おりん」の美しさがある。

深沢は人の生死などに一喜一憂する必要はなく、川の水の流れのようなもので、自殺も人間にだけ与えられた浄化作用にすぎぬという。あれほど世間を騒然とさせた三島由紀夫の自殺も、深刻に考える必要はなく、その背景などを詮索する必要などないといい切る。

死にたいから死んだのであって、自然淘汰だという。

大自然のなかで、人間も昆虫も草も木も平等であるという思いが深沢の心の根底にある。彼は今日、人間が人間だけを大切にしようとするヒューマニズムの存在は、人間の傲慢から生れてくるもので、すべての生きものは、生死のバランスが保たれていなければならぬというのだ。

深沢は「おりん」の美しい死の決意を確立するために、いろいろと厳しく暗い舞台を設営したが、最後に、この舞台で「おりん」の念願であった雪を降らしたのである。

白骨がゴロゴロ転がっている場所を通り抜け、死骸のない岩かげに、「おりん」を背中から降ろし、山を降りることにした。息子辰平は、山を降りる途中で、空から白いものが落ちてくるのを見た。雪が降ってきたのだ。あれほど彼女が期待していた雪がついに降ったのである。母にそのことを伝えたい辰平は、ムラの掟を破り、再び山を登っていった。せめて一言、「おりん」に本当に雪が降ったなあ！といいたかったのである。

宮田登は、深沢の降らせたこの白い雪について、次のようにのべている。

「深沢七郎は白い雪を降らせることで、おりんの生れ清まりを示唆したのである。白い雪は新しい正月の訪れを告げる前兆であり、空間を浄化する作用をもつ。深沢七郎のウバステは、老人の更新すなわち再生の観念が秘められており、その表現がすこぶる感動をよぶのである。」(『深沢七郎集』第六巻の「月報6」筑摩書房、平成九年、二頁)

ここで白い雪を降らせた意味は大きい。深沢は、人が生れ、死んでゆくなど、放屁と同じで、なんでもないことだといい切るが、この宮田の指摘のように、母である「さとじ」の再生を願っているのだ。あれほど好きだった母の生れ清まる姿を願っている。そのことを一言も発言しないで、白い雪を降らせたのである。

(四)「おりん」の楢山参りと散華の精神

「おりん」の楢山行きについて、いろいろな人が深沢にたずね、批判をしたという。なぜ彼女を死地に追いやったのか、これは余りにも残酷ではないか、敬老精神のかけらもお前にはないのかと。

深沢はこれらの批判にたいし、「おりん」の死は決して残酷ではなく、彼女にとって、そのことは最も幸せなことだったといい切っている。

そもそも、この『楢山節考』そのものが、「おりん」の幸福のために書かれたものだというのだ。

貧困のムラを救済するために、また、子や孫のために、自分が山に行って死ぬということは、彼女にとって、真に幸福なことだったのである。山の神様にほめられたい一心なのだ。そのことを彼女は祈っている。

人は幸福のために死を選択することがないとはいえない。それを決するのは、彼岸(浄土)信仰である。それは神への愛、仏への愛、それらとの一体化である。

「おりん」の死と、キリシタンの死や、日本兵士の死との類似性を指摘した人がいる。

「おりんの死によく似ているのは、江戸期キリシタンの死である。火刑や逆さ吊りによって殉教していったかれらの死は、決して無惨なものではなかった。それを無惨と見るのは近代のヒューマニズムであり、傍観者の目である。かれらはキリストの教えに殉ずることによってパライソ（天国）へ行けることを夢見ながら、至福の死を死んだのだった。また近くは、第二次大戦下の日本の兵士たちが『万歳』を叫びながら散っていったがその大半の死が無上の死ではなかったろうかと想像する。」（宗谷真爾「楢山節考」『国文学・深沢七郎と五木寛之』学燈社、昭和五十一年六月、一四〇頁）

この文章の後半、散華していった日本兵士の死と「おりん」の死との関連について、少し言及してみたい。

若くして、これが自分の運命だと思い、散華していった日本兵士の精神を、どのように理解すべきか、いまもって明解はない。

あの若者たちは、国家、軍部の犠牲者だ、犬死にで悲しい若者たちだと、戦後民主主義は、軽々にもいい放った。

若い日本兵士が、あたかも自分の主体的意志で散っていったように見せかけたのは、時の指導者たちの陰謀で、絶対許せないと大声をあげた。

次のような発言がある。

「私は、本書のなかでなんどかふれているが、特攻隊員として逝った青年たちの遺稿にふれると涙がとまらない世代である。青年期からその涙は続いてきた。彼らは大体があの時代にあって、知識や学識を積んだ学徒兵である。その遺稿は当時の軍の監視下にあって、表向きは自分が特攻隊に選ばれたことを名誉とし、国家危急のいまその身を賭して国家社会に奉公できることを誇りと思うと書いている。その言をそのまま信じて、彼らは国家のために、天皇のために、そして国民のために、その生を捧げたと説く人たちがいる。なんと非礼な解釈であろうか。なんと無責任な理解であろうか。」（保坂正康『「特攻」と日本人』講談社、平成十八年、五〜六頁）

軍の厳しい監視下にあって、若者が自分の本心を正直に吐露できないことくらい誰れでもわかっているし、著者の遺稿をそのまま信じる者など、ほとんどいない。「御国のため」、「天皇のため」と書いている彼らの表現の裏に、真意を汲み取ろうとしない人などいないであろう。

国家や軍部に騙されて散っていった若者が、こころにもないことを強要されて遺書を残しているということを何万遍発言したとしても、散っていった若者のこころは晴れることはあるまい。問題はそんなところにあるのではない。

『楢山節考』の「おりん」が、死地に赴くことを、彼女は誰かのために、また、なにものかのために、喜んで山に行くといわざるをえなかったのか、もしも、彼女がムラや家の犠牲になって、真の気持をかくして、表面的な発言として、喜んで山に行くというのであれば、この小説は成功しなかったであろう。

磯田光一は、深沢の描いた「おりん」の死と、高橋和巳の作品『散華』のなかに見られるある思想とのかかわりについて追求している。この磯田の主張に注目してみよう。

「ところで深沢氏が庶民の世界に固執しているのに対して、高橋和巳氏は徹底して知識人に固執している作家である。しかし同じ日本に生まれて、同じ時代を生きているかぎり、そこには感性的な基盤に共通面のないはずはない。おそらく、『楢山節考』を規定している日本的共同体は形を変えて昭和史における天皇制のあり方とも結びついている。『楢山節考』のおりんが〝共同体の掟〟への殉教者であるなら、この感性で近代の表皮を剥がした地点で、高橋和巳の『散華』の思想につながっているといったら、はたして奇妙に聞こえるであろうか。」（『悪意の文学』読売新聞社、昭和四十七年、一五一～一五二頁）

「おりん」のムラや家族にたいする殉教の精神と散華の精神とは、確かに等価のようなところがある。殉教の精神にいかなる価値を認めるかは別として、その対象が国家であろうと、天皇であろうと、ムラであろうと、その心情的価値というものは、同質のものであろう。

「おりん」の死への旅立ちも、特攻隊員の「散華」も、悲しみにみちた犠牲としてのみ描いたのでは、意味をなさないだろう。

敬老精神やヒューマニズムといった戦後の知性に基づけば、この両者の死は、残酷きわまりないもので、けっして許されてはならないものだということになる。

「おりん」の楢山行きも、特攻隊の若者の散華も、あれは騙された人間の悲劇ということで、かたずけていいのか、また、これらの背景に、貧困のムラや呪縛構造があり、軍国主義があったということだけで、すべてが完了するのか、そうではあるまい。

九島尾敏雄のヤポネシア論

これまで私は、宮沢賢治の山男への接近、執着、そして、岡本太郎の縄文土器への着目などを通して、従来の日本文化論、日本人論などの相対化を試みようとしてきた。それが期待されるものになっているかどうかはわからぬが、その着眼点の継承はきわめて大切にしてゆかねばならないと思っている。

次に私は、島尾敏雄のヤポネシア論に触れることで、その継承の任を少しでもはたせたらと考えた。

日本文化論、日本人論を考えるにあたって、われわれは天皇制というものを無視することはできない。

稲作を中心とした文化の上に成立している農本国家が、天皇制の基盤にある。そうであるならば、この天皇制というものは、縄文の時代までさかのぼることはできないのである。

この稲作にもとづく日本の文化は、当然のことながら、日本文化の一部でしかない。それは氷山の一角に過ぎず、大部分は水面下にあることになる。長い長い縄文の時代がぬけ落ちているのだ。日本文化の深層ということになれば、この稲作文化の底にひそんでいるもので、それは狩猟、採集の文化である。この狩猟、採集の時代を切り捨ててしまうから、日本の文化史は、稲作と天皇制に収斂するように描かれてしまうのである。

ところで天皇制が連綿として継承してきたものは、宗教的祭儀行為である。天皇制は多くの祭儀行為を執り行っているが、天皇制を維持、継承のための集中的表現としては、大嘗祭というものがある。これは天皇位の世襲に際しての祭儀である。この大嘗祭に関しては、多くの研究がなされているが、ここでは吉本隆明の説明を紹介しておこう。

「天皇位を世襲するときの祭儀は大嘗祭とよばれている。この祭儀を構成している主要部分は、所定の宗教的な方位に設けられた神田からの穀物（稲）および供物を、祭儀用の式殿中で即位する天皇が喰べ、式殿に敷かれた寝具にくるまって横たわることから成っている。」（「天皇および天皇制について」、吉本隆明編『国家の思想』〈戦後日本思想史大系5〉筑摩書房、昭和四十四年、一六頁）

吉本はこの大嘗祭の本質である、穀物を食すということと、寝具につつまれるという所作の二つについて、次のように説いている。

一つは農耕祭儀の模写というもので、こうのべている。

「神田から抜穂された穀物を食すという儀式は、穀物の豊饒さをねがうという意味をもつとともに、穀物の生々する生命をわが身にふき込むという意味をもつ。このような農耕儀礼を天皇位の世襲の式に行うことによって、たとえ現実的に何人もそれを認めないとしても、天皇は自らの祭儀の内部では、農耕民の支配者であるという威儀を保持しつづけてきたということである。」（同上書、一六〜一七頁）

いま一つは、天皇になる人が寝具につつまれて床に横たわるという所作で、それを吉本はこういう。

「いわば象徴的に〈性〉行為の模倣を意味しているということである。この祭儀行為で天皇の〈性〉的な相手は、かれらが祖霊とかんがえているものまたはその現世的な代理（巫女）である。農民ではこれは田神であるが、天皇では穀霊であるとともに宗教的な祖霊である。」（同上書、一七頁）

この祭儀を、天皇が代わるたびに、執り行なってきた。そのことによって、天皇の出自が不明であっても、あたかも自分は農耕社会の長であるということを広く社会全体に示すことになった。これが天皇制の究極的権威の本質である。

天皇位の世襲というものが、この稲作儀礼をその根本に置いているとするならば、天皇制国家の成立というものは、稲作以後ということになる。そうだとすれば、稲作以前の日本列島文化を明らかにすれば、従来の天皇制を軸とする日本文化、日本人論は相対化できるかもしれないということが夢ではないことになる。

吉本の次の発言に注目しておきたい。

「本来的にいえば、川端康成や三島由紀夫がとっている〈日本人〉的な美意識や感性、あるいは〈天皇（制）〉の究極的な価値という概念は無意味にちかいといっていい。『古事記』だけに拠ったとしても、〈日本人〉的という概念は、〈天皇（制）〉の歴史とは無関係な時代までさかのぼることができる。また、朝鮮経由の大陸からの仏教や儒教によって無常感と混合された美意識や感性は、〈日本人〉的とは無関係であるといっていい。…（略）…すくなとも現在の古典研究の水準だけからいっても、わたしたちは〈日本人〉的という概念を、歴史的な〈天皇（制）〉以前にさかのぼって成立させることができる。それは、川端康成や三島由紀夫によってとらえられている美的な

感性とは似ても似つかないものといえよう。」（同上書、二七頁）

吉本のこの発言をさらに深めてゆくための一つの試みとして、天皇制的文化の影響をあまり受けることなしに歴史を刻んできた南島の歴史文化を徹底的に発掘することが大切なことととなってくる。

島尾敏雄のヤポネシア論が一つの役割をはたすような気が私にはしてくる。

天皇制の歴史は千数百年をさかのぼることはできないのに、日本列島の歴史文化はそのような千数百年など問題にしない。だとすれば、天皇制の歴史以前の歴史、つまり、縄文時代の歴史を掘りおこすことによって、天皇制の歴史を相対化することは可能となる。

そのための一つの試みとして、南島における生活史を深く徹底して究明することが要求される。

島尾はおよそ三十歳代から五十歳代までの二〇年間を奄美で過ごし、島の諸事を学ぶことに専念している。東北の地を祖先の地に持っている島尾が、なぜ、南島に熱い血をたぎらせたかは驚くべきことだったとは、妻の島尾ミホの言でもある。

彼は奄美での生活体験のなかから、さまざまな思いを抱き、将来につなげる問題提起をしている。島尾は、奄美の風俗、習慣のなかに、農本的天皇制国家の細胞とは異質のものを発見し、また、大陸、つまり、中国、印度の影響を強く受けたものとは異質のものを見出している。

彼はこの島で、しばらく暮しているうちに、次のようなことを体感したという。

「奄美の生活の中で感じはじめた、本州や九州では味わえなかったものを私はいくつか体感し、それに或る酔いを感じた。ごくわずかなものを具体的にとり出していえば、民謡の旋律や集団の踊りの身のこなし、会釈の仕方とことばの発声法等…の複合の生活のリズムのようなものが私を包みこみそして酔わせた。でも、それは異国のそれではなく、本土ではもう見つけることは困難になってしまったとしても、遠くはなれた記憶の中でひとつに結びつくような感応をもっているとしか思えないものだ。…(略)…奄美には日本が持っているもうひとつの顔をさぐる手がかりがあるのではないか。頭からおさえつけて滲透するものではなく、足うらの方からはいあがってくる生活の根のようなもの。」(「ヤポネシアの根っこ」『島尾敏雄非小説集成』(2)、冬樹社、昭和

四十八年、六六〜六七頁）

島尾が五感を通して体感したこの島の異様さの意味は大きい。日常的に、それとなく、見たり聞いたりするこの島での唄や踊りや、互いに交わす言葉などによる酔いが、本州や九州での祭りの際に酔うそれとは、その解放感が大きく違うというのである。そして、それは、農本的天皇制を軸として展開されてきた日本の歴史、日本の文化を突きくずすようなものだったのだ。日本の教科書にあるような「正史」には、描かれていないようなものを、この奄美に発見した島尾は、日本文化の深層を知る一つの手段に気づいたのである。

それは混沌の世界であり、未分化、前論理の世界であった。文明人の象徴ともいうべき自と他の分離、主体性の確立などとは違う世界のあることを知ったのである。

奄美では、各人がバラバラで、勝手に、主体的に一つのことに執着していては、生きてゆけないのだ。常に総合的なことが優先されるのである。近代文明に毒されていないところに湧出するエネルギーに、島尾は人間の根源的姿を見ているのである。それは、おのずから、自己拡張や弱肉強食、論理優先の世界とは異次元のものである。

島尾はこんなふうにいう。

「南島には全人的生活が、貧しいかもわかりませんし、またちょっと見たところ、非文明的かもわかりませんが、残っているのではないかという感じがするわけです。あるいはそこに住んでいる人たちの人間的なやわらかさに根ざした民謡の調子の深さ、または踊りのリズム感の、日本の、ほかでは見られないにぎやかな快さがあるわけです。…（略）…南島にはエネルギーがあるということ、文明というものに毒されていないエネルギーがあると感ずるわけです。」（「私の見た奄美」同上書、八六～八七頁）

島尾はこんなこともいっている。南島には文化遺産というようなものがほとんどないと。しかし、そのなにもないというところに、奄美のすさまじさがあるという。不毛の奄美に島尾はどのようなエネルギーを見ているのか。

いわゆる文化遺産と称されているものが、島尾には、この島の人たちにとって必要不可欠のものとは思えないのである。奄美のたどった歴史と本土のそれとが違うところから、そのような現実が生れてくる。

奄美独自の文化が何であるか、島尾は直接問うことはしていないが、彼は奄美で日本文化の根として、金久正の『奄美に生きる日本古代文化』（昭和三十八年）をあげている。この金久の作品のようなものが奄美の文化で、そういうものが日本文化の根っこにあるという。

島尾はこの著作によって衝撃を受けた。この作品は、独断とか誇張というものではなく、ゆるやかに浸透し、頭が開墾されたという。確かにこの作品は、冷静で謙虚で、堅実な研究者の作品である。

日本の伝統文化と称されている、法隆寺や桂離宮などそれは、一つの基準にもとづく評価でしかない。岡本太郎が、昭和二十五年に法隆寺金堂が火災にあい、壁画が焼失したとき、法隆寺は焼けてもいい、私は嘆かないばかりか、むしろ結構だといっていたのと心情的には似ている。

島尾は、さらにこの島には武士階級が不在だったことをとりあげ、格式ばったものがなく、人のあたたかみ、やわらかさが、まるみがどことなく島全体に感じられるのは、そのせいかもしれないという。彼はこういう。

「奄美の歴史をかえりみますと、武士階級を跳び越しているようなところがあります。武士階級というものが、言葉の本来におけるような形では奄美においては許されませんでした。…（略）…古い、むかしの状態から中世、近世の充実なしにいきなり近代にはいってきたようなところがありはしないだろうかと考えるわけです。さきに申しあげましたように、島の人たちに人間的な軟らかさを感ずるというのは、武士的なものがここを素通りしたことと無関係ではないでしょう。」（同上書、八二〜八三頁）

武士を中心とした社会では、「兵の道《もののふのみち》」という規範があり、忠と公を核とし、礼節、廉恥、正直などの道徳が実施されていたが、これらが欠けるとなれば、島尾のいう人間的なやわらかさが生れてくるのは当然のことであった。

歴史の歩みなどというものは、全世界が画一的である必要はなく、国内においても、それぞれの地域によって独自の歩みがあっていいのである。

未開と文明に優劣などない。歴史というものが、ヨーロッパの基準に沿って描かれるという先入観にとらわれると、人間のそして、その人間の住んでいる地域の特徴は消されてしまう。ヨーロッパの「ものさし」で、「進んでいる」だの、「遅れている」などと勝手なきめつけが行われることになる。

このことに関して、岸田秀はこんなことをいっている。文明人から見ると、未開人が余りにも稚拙で、不便と思われる道具を使用しているので、文明人は、これを見かねて、もっと上等な道具を与えようとするが、未開人は、それを拒否する。この未開人の拒否する姿を見て、文明人は未開人が劣っているからだと判断してしまう。これは文明人のうぬぼれであるとのべ、次のようにいう。

「これは、金という一元的な価値しか眼にうつらない金持ちが、貧乏人を見て、貧乏人が貧乏なのは無能だからだと考えるのと同じ思考形式である。金持ちは、自分があまりにも金に取り憑かれているので、金に取り憑かれていない人間の存在を想像だにできず、したがって、人間というものはみんな金を欲しがり、金のために最大限の努力をすると思い込んでいるものだから、貧乏人を見ると、金を欲しがって努力したにもかかわらず無能なので得られなかったとしか思えないのである。」（『続・ものぐさ精神分析』中央公論社、昭和五十七年、一二一～一二三頁）

単純な近代化を是とする見方からすれば、薩摩は中央権力の行った近代化に貢献したことになる。しかし、この近代化の内実は、奄美に住む人たちの大きな犠牲の上に成立したものである。

薩摩藩の財源を大きく支えていたものは、奄美の砂糖であった。この砂糖の生産に関して、奄美の住民は塗炭の苦しみを余儀なくされたのである。島尾はこうのべている。

「薩摩藩主の島津氏は、奄美の島々にかぎって直轄することにしたのだが、やがてこの島々には砂糖のできることを知ってどれほど喜んだことだろう。…（略）…やがて薩摩藩は島々に砂糖黍を植えることを強制しはじめ、そして、奄美は、いわば砂糖島になった。日本の農業の中心である稲作も、漁業も、商工業も制限または禁止されて、ひたすら砂糖黍を植えることに精を出さなければならなくなった。」（「奄美―日本の南島」、島尾、前掲書、二〇一頁）

周知の通り、慶長十四（一六〇九）年に、琉球王国から切り離された奄美は、島津の厳しい直接的支配を受けることになったのである。

島津は武力で奄美を支配し、砂糖で財源を確保するために、搾取のかぎりをつくした。産出量の割当てがきめられ、それを達成できない人にたいしては、厳しい刑罰を科した。上納する砂糖が納められない場合、地主より高利で借金をし、上納することになる。借金がふえ、返済できなくなれば、ヤンチュ（家人）となる。

ヤンチュ（家人）とは次のようなものであった。

「奄美大島には、近世に家人と呼ばれる債務奴隷がいた。それは三つの形態に区分される。一つ目は『年季』家人で、喜界島は五年、大島・沖永良部島は十年、徳之島は五年または十年を一期とした。ただ、年季家人といっても高利のため年季どおりの解放は困難であった。二つ目は年季が無制限である『無年季』家人、三つ目は家人同士の間に生まれた子供は、『膝素立』（膝生）と呼ばれ、『終身』家人で抱主の所有物とされた。」（瀬戸内町誌編纂委員会『瀬戸内町誌―歴史編』、平成十九年、三六四頁）

この家人の所有の多少によって、地主の勢力がきまるといわれていた。数百人の家人を持つ地主もいたという。士農工商の身分差別はないが、この家人の存在は、残酷なものであった。

このような厳しい歴史とは別に、自然はことのほか美しく、武士社会というかた苦しい型にはまった習俗はなく、太古から継承されてきた人のこころはやさしい。

また、加計呂麻は、島尾の妻ミホの故郷であった。一八三名の兵士を連れて、第十八震洋隊の隊長として過ごしたこの島での体験は、島尾の心中深く刻み込まれている。

彼はこの奄美を一つの武器として、従来の日本とは違う、もう一つの「日本」の発見へと向ったのである。

従来の日本文化を相対化する思想も、日本人の生活そのもののなかから生れてくるものでなければならず、外来思想などによって、まかなわれるものではない。つまり土着的思想でなければ、本来の変革の思想は生れることはないのである。

島尾は、この奄美を故郷と断定し、この島のなかから、彼独自の反国家、反中央の要素を発見し、ヤポネシアという思想を創造していった。

島尾がヤポネシアという言葉を最初に持ち出したのは、昭和三十六年十二月のことである。平凡社の『世界教養全集』（21巻）の「月報」に「ヤポネシアの根っこ」という短文を書いたのである。

本州や九州で生活していたときは、大陸が非常に気になったが、奄美でしばらく暮しているうちに、少し違った思いが生れたという。

「日本や日本人が何であるかを知りたいという思いはいつのころからか私をとらえ

てはなさないが、奄美の生活と習俗の中でくらしているうち、ひとつの考えが育ってきたことに気づいた。たしかに日本の文化そして日本人の生活は、大陸のそれをとりいれることによって自らをこしらえ支えてきたにちがいないだろうが、日本の素性をあきらかにするために、大陸の影響の状況をいくら巧妙にそして慎重に腑分けしていっても、とどのつまりはかさぶたをはぎとったあとの無残な不毛の部分しか現われてこないような気もする。もちろん根深くささった大陸からの刺激と貸与を無視しては日本についてどんなことも考えにくいにちがいないが、でもその方ばかりを向いていたのでは、いつもどんづまりの吹きだまりの実験場所という受身の感じからぬけられない思いがしはじめたことだ。」（「ヤポネシアの根っこ」、島尾、前掲書、六五頁）

日本の歴史、文化、日本人について考察する際、大陸の影響を無視することはできないが、さりとて、そのことに執着しすぎると、日本の歴史、文化の素性が浮上してこないと彼はいう。大陸とヨーロッパ文化の輸入と挫折に終始してきた日本で、東北や南島は文化の届かぬ闇の地域として無視、排除されることが常であった。

輸入文化に反発しているかのように見える皇国史観に立つ文化論なども、東北や南島は排除している。中央が常に「正」で、地方は「異」であるとする史観からは、奄美などは美しい自然のほかは何もない島ということで終る。

島尾は、この何もないというところに、重大な意味とすさまじさがあるというのだ。仏教もなければ寺もない。僧侶もいない。武士社会が存在しなかったため、格式ばったところもない。常に人々のこころは、やわらかいのだ。ここで島尾が何もないといっているのは、大陸やヨーロッパの輸入文化がないということであって、それ以前の太古の昔からのものが、無限の可能性を秘めているということなのだ。

島尾がこの「ヤポネシアの根っこ」を書いてから十年ほど後のことであるが、昭和四十五年一月一日の「日本読書新聞」に、谷川健一が「〈ヤポネシア〉とは何か」を書いた。

このことから多くの人が、島尾の「ヤポネシア」論に、注目するようになる。谷川の文章の一部を引いておこう。

「島尾敏雄の造ったヤポネシアという言葉に私がひかれるようになったその裏がわには、日本列島社会を『日本』と同じものと考えたくない心情がある。私にとって日本というイメージは手垢によごれすぎた。そのイメージを洗うものは、日本よりももっと古い歴史空間か、日本よりももっと生きのびる、つまり若い歴史空間かのどちらかでしかない。日本よりも古くかつ新しい歴史空間、それが私にとってのヤポネシアだ。『日本』は単系列の時間につながる歴史空間であるけれども、ヤポネシアは多系列の時間を総合的に所有する空間概念である。つまり日本の外にあることとヤポネシアの内にあることはけっして矛盾しない。なぜならヤポネシアは『日本』の中にあって、『日本』を相対化するからだ。」（「〈ヤポネシア〉とは何か」、島尾敏雄編『ヤポネシア序説』創樹社、昭和五十二年、六一頁）

谷川健一が、島尾のヤポネシア論に共鳴したことの意味は大きい。谷川民俗学の向うところと、島尾のヤポネシア論が一致したのである。

もともと複合的多系的文化を持っていた日本列島の文化を、同種同根の文化に収斂してしまおうとする歴史文化観への鋭い批判が、両者を合致させたのである。

このことは、従来より不毛な繰り返しをしてきたナショナリズムとインターナショナリズムの関係をうまくとらえる役割を担うことにもなった。谷川はこういう。

「日本にあってしかもインターナショナルな視点をとることが可能なのは、外国直輸入の思想を手段とすることによってではない。ナショナルなものの中にナショナリズムを破裂させる因子を発見することである。それはどうして可能か。日本列島社会に対する認識を、同質均等の歴史空間である日本から、異質不均等の歴史空間であるヤポネシアへと転換させることによって、つまり『日本』をヤポネシア化することで、それは可能なのだ。」（同上書、六二頁）

地を這うようにして日本列島を歩き、独特の感性でもって民衆の生活の足跡を追ってきた谷川にして、はじめていえることである。谷川の眼には、日本国民と呼ばれる人間ではない人間の生き死にが映っていた。国家以前の、あるいは国家以外の様々なムラの存在を谷川は思い描いているのだ。その世界を、農本主義者らの主張する社稷の世界と称してもいいかもしれない。衣食住と男女の関係を核としたもので、土の神と穀物の神が一つになった世界である。これは人間の生存の根本にあるもので、これを除いて人間の生活はない。この社稷は人間世界において絶対的なもので、その他のものは相対的なものでしかない。国家といえども相対的なものとなる。人間生存の根源である衣食住と男女の関係は、現に国家が消滅しても存続している。

国家が成立していない時代のムラ人が国家を意識していないのは当然のことであるが、国家が成立していても、多くの民衆は国家のルールとは別のルールによって生きていたのである。

国家以前、あるいは国家の外で生きてきた民衆の生活史を拾うのが民俗学であるが、実際は次のような欠陥を持っていたと谷川はいう。

「歴史の彼方から存在する常民は、国家意識の枠組みの中にあるばあいでも、それの規制とは異なった次元に自分の意識の中心核を従属させる。こうした常民の意識の前提に立って日本民俗学は成立した。しかし明治官僚であった柳田国男も、近畿の風土に生まれた折口信夫も、ヤポネシアの意識を方法論にとりいれることで日本を相対化する論理を構成するには、あまりにも単系列の時間の近くに自分を置いたのである。」

(同上書、六五頁、ここで谷川が使用している「常民」は、柳田の使用しているものとは若干違う。)

私は民俗学というものの本質は、日本国家形成と維持のために協力した民衆の習俗のみを拾うものではなく、それとは次元の異なる世界で生活してきた人たちの習俗をも正確に収集し、日本列島の実態を、足の裏から覗こうとするものでなければならないと思っている。

しかし、多くの民俗学にたずさわる人々が、民衆の実生活、心情を吸引するとはいいながら、無意識的であるにせよ、国家を支えるものを中心に拾ってきたのではなかったか。そして、そこには一方的な民衆像が形成され、「常民の学」としてきた面がないとはいえまい。

谷川の民俗学はそうではなかった。柳田民俗学からも、多くのものを学び、継承もしてきたが、国家以前の、あるいは以外の、つまり国家に吸引されるものとは異質の生活のあることを鋭く見ようとした。島尾のヤポネシア論に共鳴できるのは当然のことであった。

日本の歴史学と称されるものの多くは、弥生時代以後に重点を置き、それ以前、つまり縄文時代を「前史」として日本歴史から遠ざけてきた。谷川は日本の歴史の骨格となるべき縄文をはずしてきた歴史は、「首のない馬」にひとしいといい、その深層の部分を欠いたものだといった。

谷川は、歴史上の敗者、死者、排除された人たちの足跡に熱い視線を注いで、いま一度、日本列島の歴史全体を読み直すことを主張したのである。

谷川が評価したように、島尾のヤポネシア論は、これまでの中央勢力を中心とした歴史観にたいし、大きな疑問を投げかけることになった。日本にいながら、日本を相対化するという方途を探ることになったのである。日本にいながら、日本を相対化するという思想は、混沌の世界、未分化の世界に回帰することでもあった。ヤポネシア論とはそういう思想である。

島尾は、文明が進歩するなどといったことに深い疑いを抱いている。縄文から弥生へ、中世から近世へ、近世から近代へといったようなことは、どうでもいいことで、中世も近世もないような社会があっても、不思議はない。前にも触れたが、奄美には本格的武士階級の存在もなく、仏教も実質的にはない。その階級や宗教が生み出す造形、風習というものがない。

島尾は次のようなことをいう。

「世の中は毎日毎日あるいは進歩してひらけていきますが、そういう開け方が、いいものかどうかに私は疑問があります。開けるとか進歩とかいう言葉の使い方にもいくらか疑問を持っております。私たちの生活の中で、古い時代というものは、野蛮で、だんだん新しい時代になるにつれ文明が開化し、進歩して、よくなって行くというふうに考えられがちで、私たちの習った歴史なども古い時代ははなはだ野蛮で人間らしい気持などないふうに教わったわけですが、果してそうなのか、どうかわからないように思います。」（「私の見た奄美」、前掲書、八三〜八四頁）

近代文明の発達ということは、すべての領域において、細分化が急進化し、全体的、総合的判断が次第に困難になってゆく過程である。また、人間の生命の根源にあるものを無視し、否定し、病的社会への下降の過程でもある。そこでは、神の怒りも、鬼の呪詛も、聞き取ることができない。

稲作も漁業も禁止され、砂糖黍一色の島になることが、奄美の近代化であった。島尾は、この島がたどった、この近代化に熱い涙を流したのである。

そこで、各自が分化しない地点に回帰し、総合的判断と実践のできる人間復活を期待したのである。

あとがき

もう遠い昔のことであるような気もするが、信州の「霜月祭り」に招待されたことがある。故後藤総一郎さんに呼ばれたのである。故谷川健一さんもそこに鎮座しておられた。

この祭りの起源、特徴、歴史的変遷、御霊信仰との関連など、後藤さんは縷述されたが、いずれもすでに忘却の彼方に。それでも、次の神楽歌だけは忘れていない。

〝冬来ると／誰が告げつら／北国の／時雨の雲に／乗りてまします〟

この地の生れであった後藤さんのお心遣いには滂沱たりというほかない。その日、夜を徹して酒をくらいながらの谷川さんの私への忠告も忘れがたい。

それは、思想を語る年齢は五十歳を過ぎてから、それまでは血の出るような準備をして欲しいということだった。

あれから五十年も過ぎた。もうそろそろ、私の思いを語ってもいいのではないかと思う昨今である。

いろいろと拙い文章を、あちこちで書いてきたが、公にして恥かしくないようなものは、なに一つない。厚顔無恥のまま、今日まで来てしまった。八十年以上生きてきたのだ。また、ここで恥をさらすことになる。弁解してもはじまらない。そのようにしてしか生きてこれなかったのだから。それでいいのだ。この歳になって、まだ西も東もわからぬ私の拙書に出版の機会を与えていただいた海風社の作井文子さんには頭のさがる思いがする。

今回は、満州からの引揚げ体験に少し触れてみた。はじめてのことだ。この体験がもとになって私の拙い農本主義研究がはじまっている。このことが、あらゆることの原点になっているような気もする。

このことを原点としつつも、私はいろいろなものに触手を伸ばしてきた。五十年もの間、いったい何と格闘し、何を探索、究明しようとしてきたのであろうか。

よくよく考えてみれば、格闘の相手は、日本の近代であり、その延長線上で生まれ、育った私自身であったのだ。

いまも私には不思議でしょうがないことがある。それは「近代」「近代化」の信仰である。「近代」は善で、世の中を明るくし、個人の独立があり、美しく、人を幸福にするという信仰である。逆に「近代化」のなされていない国や地域や人間は、野蛮で、遅れていて、封建的呪縛のなかで呻吟しているのだという。

民衆にとって、「近代」とは、そんなにありがたいものだったのか。文明が病気だといった人がいるが、「近代」や「近代化」も、その類ではないのか。「近代」がもたらした弱者への「悪」の追求は、まるでなされてはいない。「近代」批判をする人たちの多くも、自分を安全地帯に置きながら、批判のポーズをとっているにすぎない。自分の苦しみや悲しみを告げる手段を持たない無告の民にとって、日本近代とは、いかなるものであったのか。

草の根を食み、泥水を飲んで生きている民に、脱亜入欧などが、どれだけのものか。芥川龍之介の作品に、「羅生門」があるが、そのなかに登場する一人の老婆が、福沢諭吉の声などを欲したというのか。

世の中には死人の足を切り取って食い、頭にかんざしをつっこみ、脳味噌をしゃぶる人間もいる。

生きるために、世の常識などが打ち破られるのは至極当然のことである。龍之介の作品に登場するこの老婆は、自分の肉体を保持するために、ごろごろところがっている死人の頭から、一本、一本頭髪を抜いているのだ。それを集めて「かつら」にするのだ。彼女は、その行為を次のように弁明している。

「『成程な、死人《しびと》の髪の毛を抜くと云う事は、何ぼう悪い事かも知れぬ。じゃが、ここにいる死人どもは、皆、その位な事を、されてもいい人間ばかりだぞよ。現在、わしが今、髪を抜いた女などはな、蛇《へび》を四寸《しすん》ばかりずつに切って干したのを、干魚《ほしうお》だと云うて、太刀帯《たてはき》の陣へ売りに往《い》んだわ。……（略）……わしは、この女のした事が悪いとは思うていぬ。せねば、餓死をするのじゃて、仕方がなくした事であろ。されば、今又、わしのしていた事も悪い事とは思わぬぞよ。これとてもやはりせねば、餓死をするじゃて、仕方なくする事じゃわいの。じゃて、その仕方がない事を、よく知っていたこの女は、大方わしのする事も大目に見てくれるであろ』老婆は、大体こんな意味

の事を云った。」（芥川龍之介『羅生門・鼻』新潮社、昭和四十三年、十六〜十七頁）

この老婆の生死を賭けた生活の論理に、「近代」がつくった倫理や道徳が、はいり込む余地があるというのか。彼女はそのようなものに、己の生活を売ったりはしない。口先や頭ではなく、身体全体を使って生きている人間にとって、善悪とは何か。それは己の生活にとって有利か不利かによってきまるのだ。

そのようなことは、自明の理である。いつの世にあっても、倫理や道徳を民衆がつくったという話は聞いたことがない。働く民を搾取することを正当化する側がつくったのである。いわば、為政者たちの独占物であり、民を統治するための手段である。来る日も来る日も忍従を余儀なくされ、阿鼻地獄を生きる人たちにとって、倫理や道徳は、無用の長物でしかなかろう。

ムラの共有林を国有化し、濁酒の製造を禁止し、氏神信仰を国家神道に吸収することをいったい誰が喜んだのか。

鍬や鎌を鉄砲にかえ、異国の地に佇ずむことを誰が望んだのか。

儒教による政治を、保田與重郎は次のようにいっている。

「米作りをなさずして、米作り人の生産物を支配することは容易であった。そのことが政治と云はれた。覇道とはさういふしくみである。神の道に平和に生きる者、すべての人間の生命の根本を供与するものを、何かの力によって、自ら働き生み出すことなく支配しようとする考へ方、その考へ方が儒教によって政治とよばれたのである。」（「にひなめとしごひ」『日本に祈る』祖国社、昭和二十五年、八十二頁）

まだまだ、格闘したいことが山ほどある。

令和六年九月十六日

綱澤満昭

主要引用・参考文献

（本書作成にあたり、いろいろな文献を参考にさせていただきましたが、多くの文献・資料が抜け落ちていると思います。御寛恕ください。）

石田郁夫『差別と排外』批評社、昭和五十五年
石田郁夫『土俗と解放―差別と支配の構造』社会評論社、昭和五十年
小林弘二『満州移民の村』筑摩書房、昭和五十二年
満州開拓史刊行会編『満州開拓史』昭和四十一年
『加藤完治全集』全五巻、別冊二巻、加藤完治全集刊行会、昭和四十七年
上笙一郎『満蒙開拓青少年義勇軍』中央公論社、昭和四十八年
森本繁『ああ満蒙開拓青少年義勇軍』家の光協会、昭和四十七年
筧克彦『国家之研究』第一巻、清水書院、大正二年
満州国通信社『満州開拓年鑑』昭和十七年版
山田豪一「満州における反満抗日運動と農業移民〈中〉」『歴史評論』、昭和三十七年七月
丸山真男『増補版・現代政治の思想と行動』未来社、昭和六十二年
『明治大正農政経済名著集（12）―農村革命論・農村救済論〈横田英夫〉』農山漁村文化協会、昭和五十二年

農民運動史研究会編『日本農民運動史』東洋経済新報社、昭和三十六年
桜井武雄『日本農本主義』白揚社、昭和十年
筑波常治『日本人の思想―農本主義の世界』三一書房、昭和三十六年
『横井博士全集』第八巻、横井博士全集刊行会、大正十四年
『横井博士全集』第二巻、横井全集刊行会、大正十四年
田村紀雄編『季刊・田中正造研究』No5、わらしべ書房、昭和五十二年六月
小倉倉一『近代日本農政の指導者たち』農林統計協会、昭和二十八年
『定本・柳田国男集』第四巻、筑摩書房、昭和三十八年
『定本・柳田国男集』第十六巻、筑摩書房、昭和三十七年
『定本・柳田国男集』第二十八巻、筑摩書房、昭和三十九年
谷川健一『柳田国男の民俗学』岩波書店、平成十三年
佐野眞一『旅する巨人―宮本常一と渋沢敬三』文藝春秋、平成二十一年
赤松啓介『民俗学』三笠書房、昭和十三年
赤松啓介『復刻版・民俗学』明石書房、昭和六十三年
赤松啓介『非常民の民俗文化』明石書房、昭和六十一年
赤松啓介『非常民の性民俗』明石書房、平成三年
赤松啓介『夜這いの民俗学』明石書房、平成六年
野口武徳・宮田登・福田アジオ編『現代日本民俗学』(1)、三一書房、昭和四十九年

『南方熊楠全集』(3)、平凡社、昭和四十六年
『南方熊楠全集』(8)、平凡社、昭和四十七年
『南方熊楠全集』(9)、平凡社、昭和四十八年
伊藤幹治『柳田国男―学問と視点』潮出版、昭和五十年
松永伍一『ふるさと考』講談社、昭和五十年
岩本由輝『柳田国男を読み返す』世界思想社、平成二年
川本彰『日本人と集団主義』玉川大学出版部、昭和五十七年
安永寿延『伝承の論理』未来社、昭和四十年
三輪公忠『地方主義の研究』南窓社、昭和五十年
村上重良『国家神道』岩波書店、昭和四十五年
岩本由輝『柳田民俗学と天皇制』吉川弘文館、平成四年
『定本・柳田国男集』第十巻、筑摩書房、昭和三十七年
川田稔『柳田国男の思想史的研究』未来社、昭和六十年
『校本・宮沢賢治全集』第十四巻、筑摩書房、昭和五十二年
谷川健一『白鳥伝説』集英社、昭和六十一年
梅原猛『日本の深層―縄文・蝦夷文化を探る』集英社、平成六年
沢史生『閉ざされた神々』彩流社、昭和五十九年
久慈力『宮沢賢治―世紀末を超える予言者』新泉社、平成一年

多田道太郎『遊びと日本人』角川書店、昭和五十五年
『宮沢賢治全集』(3)、筑摩書房、昭和六十一年
佐藤隆房『宮沢賢治』冨山書房、昭和十七年
中村文昭『宮沢賢治』冬樹社、昭和四十八年
小沢俊郎『宮沢賢治論集(1)〈作家研究・童話研究〉』有精堂、昭和六十二年
『宮沢賢治全集』(11)、筑摩書房、昭和四十三年
大江志乃夫『徴兵制』岩波書店、昭和五十六年
菊地邦作『徴兵忌避の研究』立風書房、昭和五十五年
松田司郎『宮沢賢治の童話論』国土社、昭和六十一年
『宮沢賢治』〈現代詩読本〉思潮社、昭和五十八年
馬場あき子『鬼の研究』三一書房、昭和四十六年
谷川健一『魔の系譜』講談社、昭和五十九年
倉本四郎『鬼の宇宙誌』講談社、平成三年
高橋正秀『金太郎誕生譚』桜風社、昭和四十六年
益田勝実『火山列島の思想』筑摩書房、平成五年
網野善彦『異形の王様』平凡社、昭和六十一年
池田昭『天皇制と八瀬童子』東方出版、平成三年
宇野日出生『八瀬童子―歴史と文化』思文閣出版、平成十九年

市古貞次校注『御伽草子』（下）、岩波書店、昭和六十一年
高橋昌明『酒呑童子の誕生』岩波書店、令和二年
大江山鬼伝説一千年祭実行委員会鬼文化部会編『大江山鬼伝説考』、平成二年
朧谷等『源頼光』吉川弘文館、昭和四十三年
元木泰雄『源満仲・頼光』ミネルバ書房、平成十六年
佐竹昭広『酒呑童子異聞』平凡社、昭和五十二年
若尾五雄『鬼伝説の研究』大和書房、昭和五十六
『国文学・解釈と鑑賞』第三十七巻七号、至文堂、昭和四十七年六月
『国文学』臨時増刊号、第二十一巻八号、学燈社、昭和五十一年六月
秋山駿『作家論』第三文明社、昭和四十八年
『深沢七郎集』第一巻、筑摩書房、平成九年
『深沢七郎集』第四巻、筑摩書房、平成九年
『深沢七郎集』第八巻、筑摩書房、平成九年
『深沢七郎集』第九巻、筑摩書房、平成九年
郡司正勝『かぶき―様式と伝承』筑摩書房、平成十七年
深沢七郎『深沢七郎の滅亡対談』筑摩書房、平成五年
『深沢七郎の世界』〈別冊新評〉第七巻第二号、新評社、昭和四十九年七月
『深沢七郎―没後25年ちょっと一服、冥土の道草』河出書房新社、平成二十四年

折原脩三『深沢七郎論』田畑書店、昭和六十三年
宮田登『原初的思考』大和書房、昭和四十九年
保阪正康『「特攻」と日本人』講談社、平成十八年
磯田光一『悪意の文学』読売新聞社、昭和四十七年
高橋和巳『散華』河出書房、昭和四十二年
橋川文三『歴史と体験』春秋社、昭和三十九年
島尾敏雄編『ヤポネシア序説』創樹社、昭和五十二年
『島尾敏雄非小説集成』(1)、(2)、冬樹社、昭和四十八年
吉本隆明編集・解説『国家の思想』〈戦後日本思想大系5〉、筑摩書房、昭和四十四年
鶴見和子『漂泊と定住と』筑摩書房、平成五年
瀬戸内町誌編纂委員会『瀬戸内町誌―歴史編』平成十九年
森川達也『島尾敏雄論』審美社、昭和四十年
紅野謙介編『島尾敏雄』〈新潮日本文学アルバム(70)〉、新潮社、平成七年

［著者略歴］
綱澤 満昭（つなざわ・みつあき）
1941 年 満州（中国東北部）生れ。
1965 年 明治大学大学院修士課程修了。専攻は近代日本思想史、
近代日本政治思想史
近畿大学名誉教授、（元）姫路大学学長
［主要著書］
『日本の農本主義』（紀伊國屋書店）
『農本主義と天皇制』（イザラ書房）
『柳田国男讃歌への疑念』（風媒社）
『日本近代思想の相貌』（晃洋書房）
『思想としての道徳・修養』（海風社）
『宮沢賢治の声―啜り泣きと狂気』（海風社）
『農本主義という世界』（風媒社）
『ぼくはヒドリと書いた。宮沢賢治』（山折哲雄氏と共著、海風社）
『怨・狂・異の世界―日本恩想ひとつの潮流』（風媒社）
『念・傷・危の世界―近代日本の思想研究」（風媒社）
『日本近代の隘路と蹉跌』（風媒社）他多数

小さき引揚げ者の思想の格闘史

2024 年 12 月 20 日　初版発行
著　者　　綱澤 満昭
発行者　　作井 文子
発行所　　株式会社 海風社
〒550-0005　大阪市西区西本町 2-1-34 SONO 西本町ビル 4B
T E L　　06-6541-1807
印刷・製本　モリモト印刷株式会社
装丁　　ヤマナカ・ナオキ

ISBN978 - 4 - 87616 - 072-3　C0095